辩中边论

中国佛学经典宝藏

13

魏德东 释译

星云大师总监修

人民东方出版传媒
东方出版社

《中国佛学经典宝藏》
大陆简体字版编审委员会

主任委员：赖永海

委　　员：（以姓氏笔画为序）

　　　　　王月清　王邦维　王志远　王雷泉

　　　　　业露华　许剑秋　吴根友　陈永革

　　　　　徐小跃　龚　隽　彭明哲　葛兆光

　　　　　董　群　程恭让　鲁彼德　温金玉

　　　　　潘少平　潘桂明　魏道儒

总序

星云

自读首楞严,从此不尝人间糟糠味;
认识华严经,方知已是佛法富贵人。

诚然,佛教三藏十二部经有如暗夜之灯炬、苦海之宝筏,为人生带来光明与幸福,古德这首诗偈可说一语道尽行者阅藏慕道、顶戴感恩的心情!可惜佛教经典因为卷帙浩瀚、古文艰涩,常使忙碌的现代人有义理远隔、望而生畏之憾,因此多少年来,我一直想编纂一套白话佛典,以使法雨均沾,普利十方。

一九九一年,这个心愿总算有了眉目。是年,佛光山在中国大陆广州市召开"白话佛经编纂会议",将该套丛书定名为《中国佛教经典宝藏》①。后来几经集思广

---

① 编者注:《中国佛教经典宝藏》丛书,大陆出版时改为《中国佛学经典宝藏》丛书。

益，大家决定其所呈现的风格应该具备下列四项要点：

一、启发思想：全套《中国佛教经典宝藏》共计百余册，依大乘、小乘、禅、净、密等性质编号排序，所选经典均具三点特色：

1. 历史意义的深远性
2. 中国文化的影响性
3. 人间佛教的理念性

二、通顺易懂：每册书均设有原典、注释、译文等单元，其中文句铺排力求流畅通顺，遣词用字力求深入浅出，期使读者能一目了然，契入妙谛。

三、文简意赅：以专章解析每部经的全貌，并且搜罗重要的章句，介绍该经的精神所在，俾使读者对每部经义都能透彻了解，并且免于以偏概全之谬误。

四、雅俗共赏：《中国佛教经典宝藏》虽是白话佛典，但亦兼具通俗文艺与学术价值，以达到雅俗共赏、三根普被的效果，所以每册书均以题解、源流、解说等章节，阐述经文的时代背景、影响价值及在佛教历史和思想演变上的地位角色。

兹值佛光山开山三十周年，诸方贤圣齐来庆祝，历经五载、集二百余人心血结晶的百余册《中国佛教经典宝藏》也于此时隆重推出，可谓意义非凡，论其成就，则有四点可与大家共同分享：

一、佛教史上的开创之举：民国以来的白话佛经翻译虽然很多，但都是法师或居士个人的开示讲稿或零星的研究心得，由于缺乏整体性的计划，读者也不易窥探佛法之堂奥。有鉴于此，《中国佛教经典宝藏》丛书突破窠臼，将古来经律论中之重要著作，做有系统的整理，为佛典翻译史写下新页！

二、杰出学者的集体创作：《中国佛教经典宝藏》丛书结合中国大陆北京、南京各地名校的百位教授、学者通力撰稿，其中博士学位者占百分之八十，其他均拥有硕士学位，在当今出版界各种读物中难得一见。

三、两岸佛学的交流互动：《中国佛教经典宝藏》撰述大部分由大陆饱学能文之教授负责，并搜录台湾教界大德和居士们的论著，借此衔接两岸佛学，使有互动的因缘。编审部分则由台湾和大陆学有专精之学者从事，不仅对中国大陆研究佛学风气具有带动启发之作用，对于台海两岸佛学交流更是帮助良多。

四、白话佛典的精华集萃：《中国佛教经典宝藏》将佛典里具有思想性、启发性、教育性、人间性的章节做重点式的集萃整理，有别于坊间一般"照本翻译"的白话佛典，使读者能充分享受"深入经藏，智慧如海"的法喜。

今《中国佛教经典宝藏》付梓在即，吾欣然为之作序,并借此感谢慈惠、依空等人百忙之中,指导编修;吉广舆等人奔走两岸,穿针引线;以及王志远、赖永海等大陆教授的辛勤撰述;刘国香、陈慧剑等台湾学者的周详审核;满济、永应等"宝藏小组"人员的汇编印行。他们的同心协力,使得这项伟大的事业得以不负众望,功竟圆成!

《中国佛教经典宝藏》虽说是大家精心擘划、全力以赴的巨作,但经义深邃,实难尽备;法海浩瀚,亦恐有遗珠之憾;加以时代之动乱,文化之激荡,学者教授于契合佛心,或有差距之处。凡此失漏必然甚多,星云谨以愚诚,祈求诸方大德不吝指正,是所至祷。

一九九六年五月十六日于佛光山

原版序
敲门处处有人应

《中国佛教经典宝藏》是佛光山继《佛光大藏经》之后，推展人间佛教的百册丛书，以将传统《大藏经》精华化、白话化、现代化为宗旨，力求佛经宝藏再现今世，以通俗亲切的面貌，温渥现代人的心灵。

佛光山开山三十年以来，家师星云上人致力推展人间佛教，不遗余力，各种文化、教育事业蓬勃创办，全世界弘法度化之道场应机兴建，蔚为中国现代佛教之新气象。这一套白话精华大藏经，亦是大师弘教传法的深心悲愿之一。从开始构想、擘划到广州会议落实，无不出自大师高瞻远瞩之眼光，从逐年组稿到编辑出版，幸赖大师无限关注支持，乃有这一套现代白话之大藏经问世。

这是一套多层次、多角度、全方位反映传统佛教文化的丛书，取其精华，舍其艰涩，希望既能将《大藏经》

深睿的奥义妙法再现今世,也能为现代人提供学佛求法的方便舟筏。我们祈望《中国佛教经典宝藏》具有四种功用:

一、是传统佛典的精华书

中国佛教典籍汗牛充栋,一套《大藏经》就有九千余卷,穷年皓首都研读不完,无从赈济现代人的枯槁心灵。《宝藏》希望是一滴浓缩的法水,既不失《大藏经》的法味,又能有稍浸即润的方便,所以选择了取精用弘的摘引方式,以舍弃庞杂的枝节。由于执笔学者各有不同的取舍角度,其间难免有所缺失,谨请十方仁者鉴谅。

二、是深入浅出的工具书

现代人离古愈远,愈缺乏解读古籍的能力,往往视《大藏经》为艰涩难懂之天书,明知其中有汪洋浩瀚之生命智慧,亦只能望洋兴叹,欲渡无舟。《宝藏》希望是一艘现代化的舟筏,以通俗浅显的白话文字,提供读者遨游佛法义海的工具。应邀执笔的学者虽然多具佛学素养,但大陆对白话写作之领会角度不同,表达方式与台湾有相当差距,造成编写过程中对深厚佛学素养与流畅白话语言不易兼顾的困扰,两全为难。

三、是学佛入门的指引书

佛教经典有八万四千法门,门门可以深入,门门是无限宽广的证悟途径，可惜缺乏大众化的入门导览，不易寻觅捷径。《宝藏》希望是一支指引方向的路标，协助十方大众深入经藏，从先贤的智慧中汲取养分，成就无上的人生福泽。

四、是解深入密的参考书

佛陀遗教不仅是亚洲人民的精神归依，也是世界众生的心灵宝藏。可惜经文古奥，缺乏现代化传播，一旦庞大经藏沦为学术研究之训诂工具，佛教如何能扎根于民间？如何普济僧俗两众？我们希望《宝藏》是百粒芥子，稍稍显现一些须弥山的法相，使读者由浅入深，略窥三昧法要。各书对经藏之解读诠释角度或有不足，我们开拓白话经藏的心意却是虔诚的，若能引领读者进一步深研三藏教理，则是我们的衷心微愿。

大陆版序一

《中国佛教经典宝藏》是一套对主要佛教经典进行精选、注译、经义阐释、源流梳理、学术价值分析,并把它们翻译成现代白话文的大型佛学丛书,成书于二十世纪九十年代,由台湾佛光文化事业有限公司出版,星云大师担任总监修,由大陆的杜继文、方立天以及台湾的星云大师、圣严法师等两岸百余位知名学者、法师共同编撰完成。十几年来,这套丛书在两岸的学术界和佛教界产生了巨大的影响,对研究、弘扬作为中国传统文化重要组成部分的佛教文化,推动两岸的文化学术交流发挥了十分重要的作用。

《中国佛学经典宝藏》则是《中国佛教经典宝藏》的简体字修订版。之所以要出版这套丛书,主要基于以下的考虑:

首先,佛教有三藏十二部经、八万四千法门,典籍浩瀚，博大精深，即便是专业研究者，穷其一生之精力，恐也难阅尽所有经典，因此之故，有"精选"之举。

其次，佛教源于印度，汉传佛教的经论多译自梵语；加之，代有译人，版本众多，或随音，或意译，同一经文，往往表述各异。究竟哪一种版本更契合读者根机？哪一个注疏对读者理解经论大意更有助益？编撰者除了标明所依据版本外，对各部经论之版本和注疏源流也进行了系统的梳理。

再次，佛典名相繁复，义理艰深，即便识得其文其字，文字背后的义理，诚非一望便知。为此，注译者特地对诸多冷僻文字和艰涩名相，进行了力所能及的注解和阐析，并把所选经文全部翻译成现代汉语。希望这些注译，能成为修习者得月之手指、渡河之舟楫。

最后，研习经论，旨在借教悟宗、识义得意。为了将其思想义理和现当代价值揭示出来，编撰者对各部经论的篇章品目、思想脉络、义理蕴涵、学术价值等所做的发掘和剖析，真可谓殚精竭虑、苦心孤诣！当然，佛理幽深，欲入其堂奥、得其真义，诚非易事！我们不敢奢求对于各部经论的解读都能鞭辟入里，字字珠玑，但希望能对读者的理解经义有所启迪！

习近平主席最近指出："佛教产生于古代印度，但传入中国后，经过长期演化，佛教同中国儒家文化和道家文化融合发展，最终形成了具有中国特色的佛教文化，给中国人的宗教信仰、哲学观念、文学艺术、礼仪习俗等留下了深刻影响。"如何去研究、传承和弘扬优秀佛教文化，是摆在我们面前的一个重要课题，人民东方出版传媒有限公司拟对繁体字版的《中国佛教经典宝藏》进行修订，并出版简体字版的《中国佛学经典宝藏》，随喜赞叹，寥寄数语，以叙因缘，是为序。

二〇一六年春于南京大学

大陆版序二

依空

身材高大、肤色白皙、擅长军事的亚利安人，在公元前四千五百多年从中亚攻入西北印度，把当地土著征服之后，为了彻底统治这里的人民，建立了牢不可破的种姓制度，创造了无数的神祇，主要有创造神梵天、破坏神湿婆、保护神毗婆奴。人们的祸福由梵天决定，为了取悦梵天大神，需要透过婆罗门来沟通，因为他们是从梵天的口舌之中生出，懂得梵天的语言——繁复深奥的梵文，婆罗门阶级是宗教祭祀师，负责教育，更掌控了神与人之间往来的话语权。四种姓中最重要的是刹帝利，举凡国家的政治、经济、军事、文化等等都由他们实际操作，属贵族阶级，由梵天的胸部生出。吠舍则是士农工商的平民百姓，由梵天的膝盖以上生出。首陀罗则是被踩在梵天脚下的土著。前三者可以轮回，纵然几世轮转都无法脱离原来种姓，称为再生族；首陀罗则连轮回的因缘都没有，为不生族，生生世世为首陀罗，子孙也倒霉跟着宿命，无法改变身份。相对于此，贱民比首陀罗更为卑微、低贱，连四种姓都无法跻身其中，只能从事挑粪、焚化尸体等最卑贱、龌龊的工作。

出身于高贵种姓释迦族的悉达多太子，为了打破种姓制度的桎梏，舍弃既有的优越族姓，主张一切众生皆平等，成正等觉，创立了佛教僧团。为了贯彻佛教的平等思想，佛陀不仅先度首陀罗身份的优婆离出家，后度释迦族的七王子，先入山门为师兄，树立僧团伦理制度。佛陀更严禁弟子们用贵族的语言——梵文宣讲佛法，而以人民容易理解的地方口语来演说法义，这就是巴利文经典的滥觞。佛陀认为真理不应该是属于少数贵族、知识分子的专利或装饰，而应该更贴近普罗大众，属于平民百姓共有共知。原来佛陀早就在推动佛法的普遍化、大众化、白话化的伟大工作。

佛教从西汉哀帝末年传入中国，历经东汉、魏晋南北朝、隋唐的漫长艰巨的译经过程，加上历代各宗派祖师的著作，积累了庞博浩瀚的汉传佛教典籍。这些经论义理深奥隐晦，加以书写的语言文字为千年以前的古汉文，增加现代人阅读的困难，只能望着汗牛充栋的三藏十二部扼腕慨叹，裹足不前。

如何让大众轻松深入佛法大海，直探佛陀本怀？佛光山开山宗长星云大师乃发起编纂《中国佛教经典宝藏》。一九九一年，先在大陆广州召开"白话佛经编纂会议"，订定一百本的经论种类、编写体例、字数等事项，礼聘中国社科院的王志远教授、南京大学的赖永海教授分别为中国大陆北方与南方的总联络人，邀请大陆各大学的佛教学者撰文，后来增加台湾部分的三十二本，是为一百三十二册的《中国佛教经典宝藏精选白话版》，于一九九七年，作为佛光山开山三十周年的献礼，隆重出版。

六七年间我个人参与最初的筹划，多次奔波往来于大陆与台湾，小心谨慎带回作者原稿，印刷出版、营销推广。看到它成为佛教徒家中的传家宝藏，有心了解佛学的莘莘学子的入门指南书，为星云大师监修此部宝藏的愿心深感赞叹，既上契佛陀"佛法不舍一众"的慈悲本怀，更下启人间佛教"普世益人"的平等精神。尤其可喜者，欣闻现大陆出版方东方出版社潘少平总裁、彭明哲副总编亲自担纲筹划，组织资深编辑精校精勘；更有旅美企业家鲁彼德先生事业有成之际，秉"十方来，十方去，共成十方事"之襟怀，促成简体字版《中国佛学经典宝藏》的刊行。今付梓在即，是为序，以表随喜祝贺之忱！

二〇一六年元月

目 录

题 解 001

经 典 013

  引 子 015

    1 第一章 世界的本质 018

    2 第二章 成佛的障碍 052

    3 第三章 佛法的真实 081

    4 第四章 佛法的修行 118

    5 第五章 修行的阶段 138

    6 第六章 修行的果报 143

    7 第七章 最终的觉悟 148

源　流　209

解　说　217

附　录　225

参考书目　247

题解

相传佛灭度后九百年，也就是公元五世纪前后，印度佛教界对世界的本质问题争论不已，有人偏执于世界的本质是空，有人说是有，莫衷一是。当时有一位得道高僧——无著大师，他凭着自己多世修得的神通和普度众生的大悲心，毅然到弥勒菩萨居住的兜率天，请求弥勒菩萨说法。弥勒菩萨遂做《辩中边颂》赠予无著，无著归来后，将此颂教给其弟——世亲大师，世亲为它作了论释，这就是我们现在所学习的《辩中边论》。

无著大师是否到过兜率天，自来便有争讼。学术界另外有一种说法，即存在着两位弥勒：一是在佛涅槃以前便已入灭，现在仍住在兜率天的弥勒菩萨；一是生活于公元五世纪的高僧弥勒，后者是无著的老师。这样，无著求来的《辩中边颂》，便不是来自兜率天，而是出自他的老师之手。

总之，《辩中边论》是由两部分组成的：一是颂文，一是论文，前者托于弥勒名下，后者为公元五世纪的高僧世亲所作。这是此书的基本结构。

《辩中边论》问世后，立刻得到了印度佛教界的高度重视。辩，就是辩别说明；中，就是中正的正道；边，就是有偏执的一边之见；辩中边就是辩明中道和两边，使人们剔除边见，求得中道。全论分为七品，依次论述世界的本质，成佛的障碍，佛法的真实，对障碍的修治，修行的阶段，修行得到的果位和最高无上的大乘境界。它从佛教的境、行、果三个方面精炼地阐发了大乘有宗的基本理论，是大乘有宗的经典之一。在关于世界的本质问题上，它既不偏执于空，也不落于有，而是主张非空非不空。它指出：存在着对世界的虚妄分别，存在着把世界区分为认识对象和认识主体的世俗之见，因此世界是非空，世界不是绝对的没有；但另一方面，这种认识对象和认识主体的区分又是虚妄的，是没有自性的，因此它们又是非不空，不是实在的有。《辩中边论》辩证地说明了世界的本质，是对部派佛教的有说与大乘空宗的空说的辩证否定，对两者的争论在更高层次上做了总结。

《辩中边论》写出后不久便传入中国，引起了中国僧人的极大兴趣。公元五五八年，便有西印度优禅尼国高僧真谛（公元四九九——五六九年）将它译成汉文，译名为《中边分别论》。这距世亲著书不过半个世纪而已，由此可见当时的中国佛教已能比较快地反映印度佛教的最新成果。《中边分别论》分作上下两卷，共七品：上卷包括《相品》《障品》《真实品》，下卷包括《对治修住品》《修住品》《得果品》《无上乘品》。这是《辩中边论》的第一个汉文译本，对于南北朝以降唯识学在中国的传播起了积极的促进作用。

公元六六一年五月，唐代译经大师玄奘根据他从印度带回的梵文本，再次将此论译出，称为《辩中边论》，这就是本书所要释译的版本。玄奘译的《辩中边论》分为上中下三卷，其中《辩相品》《辩障品》《辩真实品》属上卷，《辩修对治品》《辩修分位品》属中卷，《辩得果品》《辩无上乘品》属下卷。玄奘的译本因所据梵文本与真谛译本不同，在内容上两者存在一些差异。自唐代以后，玄奘的译本成为《辩中边论》的通行本。

在我国，《辩中边论》还有藏文译本，它将后三品合为一品，全书分作五品，内容与汉译本是一样的。另外，在藏文译经中，除了世亲的《辩中边论》外，还有安慧的同名著作，是安慧对世亲的《辩中边论》作的解释，这是汉译本中没有的。

在整个世界佛教史上,《辩中边论》有它自己特殊的地位。它以自己严密的结构,精练的语言,系统的唯识思想,成为佛教流传中的基本典籍之一。在印度,弥勒被称为瑜伽行派的创始人,依于其名下者,有"弥勒五论"之说,作为瑜伽行派的经典,其中便有《辩中边颂》。无著、世亲作为大乘瑜伽行派的实际创建人,《辩中边论》更是代表了他们继往开来的思想创造,为研究瑜伽行派思想、修行大乘菩萨的行者所珍视。在中国,玄奘、窥基建立的唯识宗,以"六经十一论"为其经典,《辩中边论》便是十一论之一。唯识宗在中国流布的时间虽然不长,但唯识思想对中国佛教的影响是深远广大的。《辩中边论》是研究中国佛教史乃至中国思想史的必读书目。另外《辩中边论》在藏传佛教中也占有很高的地位。

此外,《辩中边论》在朝鲜佛教中也有很大影响。在唐代,有许多朝鲜僧人留学中国,《辩中边论》由此传入朝鲜,为朝鲜唯识学者所重视,有多人为之作注疏,其中流传至今,有元晓为真谛译本所作的四卷本《中边分辩论疏》,但目前只存卷三。

《辩中边论》还受到现代佛教信徒与佛学研究者的青睐。我国高僧太虚大师著有《辩中边论颂释》行世,对弥勒的颂文逐句作讲解。英国学者渥德尔

（A.K.Warder）在他公元一九七〇年初版的《印度佛教史》当中，专门对《辩中边论》的思想作了评价。这些都从不同的侧面显现了《辩中边论》一书的宗教价值和学术地位。

关于《辩中边论》一书的作者和译者，与我们关系最密切的，有弥勒、世亲、玄奘三人。弥勒是颂文的作者，没有颂文，便没有论，因此说《辩中边论》的作者，不能不提弥勒。前面说过，关于弥勒的身世有两种说法，其中说他是佛陀同时代的菩萨者，属于宗教传说，说他是五世纪高僧者，属于学术界的推测，两说都不能断定果真有无弥勒其人。在佛教史上，弥勒被看作是大乘瑜伽行派的始祖，依于其名下者，有五种论著，这就是《瑜伽师地论》《分别瑜伽论》《辩中边颂》《大乘庄严论》和《金刚般若论》。在藏文《大藏经》中，弥勒的著作除上以外，还有《现观庄严论》《法法性分别论》和《大乘究竟要义论》。一般认为，这些著作实际上可能是无著综合先贤的学说，而假托弥勒所作行世。要之，不管有没有弥勒这个人，他在佛教史的地位都是很崇高的。

世亲具体的生卒年月早已不详。从现存的比较可信的传记《婆薮槃豆传》（婆薮槃豆是世亲的梵文音译）看，他是印度笈多王朝（公元三二〇——五〇〇年）后半期的人，所以年代应该是在第五世纪。另据玄奘的《大唐西域记》等记载，世亲的哥哥无著生于佛灭后九百年，由此推测，世亲的生活年代大致也是五世纪。世亲是北印度健驮逻国人，最初他与哥哥无著一起出家，归依部派佛教的有部。不久，无著转信大乘，世亲却进一步走向部派佛教中的经量部，立志改革有部教义。为此，他出国到迦湿弥罗国学习四年，归国后著《阿毗达磨俱舍论》，后来此书影响很大。世亲不断抨击大乘佛教，认为大乘非佛所说。后来无著以方便法门开示世亲，世亲始悟大乘佛理，转而信奉弘扬大乘学说。世亲特别擅长写作，他归信大乘后，创作、注疏了大量论著，成为创建大乘瑜伽行派的中坚人物。世亲发挥弥勒学说的著作，有《大乘庄严经论释》《辩中边论》《金刚经论释》，解释无著著作的，有《摄大乘论释》《习定论释》，阐述自己观点的，有《成业论》，批判小乘佛教关于业的学说的，有《二十唯识论》《三十唯识论》。此外，他还对许多大乘经作了注释，如解释华严系统的《十地经论》，汉译之后影响很大，以至出现了一批"地论师"，他对《无量寿经》作的注，汉译后成为中国净土宗的根本典据，他还有注释《法华经》《缘起法门经》《无尽意经》《宝髻经》等等的著作。据说，世亲一生的著作在四十种以上。世亲有关唯识思想的最重要著作，很早就被概括在"无著八支"中。因为一般认为世亲的思想是受了无著的启发，两家的思想接近，因此以无著之名，命名两家的著作。这八部著作是：《摄大乘论》《大乘阿毗达磨集论》《二十唯识论》《三十唯识论》《辩中边论》《缘起论》《大乘庄严经论》和《成业论》，可以看出，"无著八支"中的大多数著作反倒是世亲的。

玄奘（公元六〇〇——六六四年）可以说是人类历史上最伟大的翻译家，罕见的旅行家和杰出的佛学大师。他俗姓陈，本名祎，河南洛州缑氏县（今偃师县）人，少时即学佛教，青年时期就已经斐声华夏。但他感到当时流传的种种佛法异说不一，特别是摄论师和地论师有关法相的说法差别很大，很想看到总赅三乘学说的《瑜伽师地论》，以求会通一切，于是他决心去印度求法。自公元六二九年开始，他用了大约四年时间，到达了当时印度佛教的最高学府那烂陀寺。途中他已四处参学，到寺后又连续听讲五年，《瑜伽师地论》《顺正理论》《显扬圣教论》《因明》等重要经论都反复听过多遍，其后又赴印度各地游学四年。他博采众长，融会贯通，达到了印度佛教当时的最高水平。他著有《会宗论》三千颂，打通瑜伽与中观，他写出《制恶见论》一千六百颂，破除正量部的异说。归国前，羯若鞠阇国戒日王为他举行大会，玄奘以此两论在十八天内任凭十八国王、三千佛僧、那烂陀寺一千余僧、外道二千余人破难，结果无一人提出异议，玄奘遂得大小乘佛教徒的一致推崇，被尊称为"大乘天"和"解脱天"。

公元六四五年，玄奘回到了长安。其后，他倾全部精力译经，在十九年间，他共译出佛教经论七十五部，一千三百三十五卷，是佛经翻译史上最杰出的翻译家。他精通华梵，所译经论概念得当，文义连贯，精确文雅，空前绝后；他学识一流，高瞻远瞩，所译内容纲举目张地反映了公元五世纪以后印度佛学的全貌，对中国佛教的贡献首屈一指。同时，他还将中国的《老子》《大乘起信论》译成梵文，促进了中印文化的双向交流。

在译经的同时，玄奘还应唐太宗的邀请，写下了《大唐西域记》。现在，这部书已成为研究印度和中亚中古史的最重要的史料，被译为多种文字泽被世界，在历史学、考古学、地理学、宗教学、文化学、社会学等方面具有不容替代的价值。

玄奘还在弟子窥基的协助下，杂糅印度唯识学十家之说，著成《成唯识论》，成为中国佛教唯识宗的基本经典，他本人也就由此成为中国佛教唯识宗的创始人。

玄奘在他六十二岁，也就是距他逝世前的第三年，在陕西玉华寺译出了《辩中边论》。这时他已进入译经的晚期，翻译经验空前丰富，技巧炉火纯青，因此所译

《辩中边论》概念谨严，要言不烦，使得我们在今天仍可分享他的无上智慧。伟哉，奘师！为学之至境，有过于此乎？

玄奘译《辩中边论》，全文两万余字，本释译全文翻译，所用版本为日本《大正新修大藏经》第三十一卷，在文字上有明显错讹者，辅之以窥基著《辩中边论述记》校正。

经典

引 子

原典

稽首造此论①，善逝体②所生；
及教我等师③，当勤显斯义。

注释

① **稽首造此论**：《辩中边论》由两部分组成：一是弥勒作的《辩中边颂》，二是世亲对这部颂的解释，也就是《辩中边论》。首句"稽首造此论"是世亲对弥勒的感激和称颂。

② **善逝体**：即佛，是佛陀十种名号之五。善逝，即如实达至彼岸，不再退没之义；善逝体就是指归入涅

槃的佛陀。在此喻为能演说佛如实的教义。

③ **及教我等师**：指教导世亲等人这一理论的老师，也就是世亲的哥哥无著。相传《辩中边颂》是无著请来，教会世亲，世亲才得以作出论释。

译文

虔诚由衷地感谢创作这一理论的弥勒菩萨，他是归入涅槃佛陀的化身，能够演绎佛的教法；还要感谢教导我们的无著大师，我们应当勤奋勇猛，彰显他们的微言大义。

原典

此中最初安立论体，颂曰：

唯相障真实，及修诸对治；
即此修分位，得果无上乘。

论曰：此论唯说如是七义：一、相，二、障，三、真实，四、修诸对治，五、即此修分位，六、得果，七、无上乘。

译文

我们首先来说明这部论的基本内容,《辩中边颂》说：

这部著作专门阐明世界的本质、成佛的障碍、佛法的真实，还有对治障碍的各种修行；

修行要经过的各个阶段，修行证得的果报，以及至高无上的大乘佛法的境界。

本论说：这部《辩中边论》专门阐述以下七方面的内容：一、世界的本质；二、成佛的障碍；三、佛法的真实；四、各种对付治理障碍的修行；五、修行要经过的阶段；六、修行得到的果报；七、最高无上的大乘佛法的境界。

1 第一章 世界的本质

第一节 世界只是人的虚假的分别

原典

今于此中先辩其相。颂曰：

虚妄分别有，于此二都无。
此中唯有空，于彼亦有此。

论曰：虚妄分别有者，谓有所取①、能取②分别；于此二都无者，谓即于此虚妄分别，永无所取能取二性；此中唯有空者，谓虚妄分别中，但有离所取及能取空性；于彼亦有此者，谓即于彼二空性中，亦但有此虚妄分别。若于此非有，由彼观为空，所余非无故，如实知为有。若如是者，则能无倒显示空相。

注释

①**所取**：梵语为 grāhya，意思是被把握，即主体所把握的一切对象。《显扬圣教论》卷五说："所取义者，谓外六处。"（见《大正藏》卷三十一，第五〇二页中）简译为"被认识的对象"。

②**能取**：梵语为 grāhaka，意思是能把握，即主体把握对象的能力，如心、意识等。《显扬圣教论》卷五说："能取义者，谓五内色处，心、意识及诸心法。"（见《大正藏》卷三十一，第五〇二页中）简译为"能认识"。

译文

我们先来辩明世界的性质。《辩中边颂》中说：

存在着把世界区分为被认识的对象和能认识的虚假的分别，这被认识的对象和能认识的本质都是没有的；这虚假分别的性质只是空，而在这空性中，还是有虚假的分别存在。

本论说："虚妄分别有"，说的是有被认识的对象和能认识的虚假的分别；"于此二都无"，说的是在这虚假的分别中，永远没有被认识的对象和认识二者自己的独立性;"此中唯有空",说的是在虚假的分别中,只有离开被认识的对象和能认识区别的空的本性;"于彼亦有此",说的是在把被认识的对象和能认识理解为空的同时,还仍然有这些虚假的分别的存在。如果把被认识的对象和能认识的看作没有自己的本性的话,它的本性就可以看作是空,但在空之外它并不是一无所有,如常识所知它仍然有那些虚假的分别存在。如果能做这样的理解,便是没有颠倒地说明了世界的空的性质。

原典

复次颂曰:

故说一切法,非空非不空。
有无及有故,是则契中道。

论曰:一切法者,谓诸有为及无为法。虚妄分别名有为,二取空性名无为。依前理故,说此一切法非空非不空,由有空性、虚妄分别故,说非空;由无所取能取性故,说非不空。有故者,谓有空性、虚妄分别故;无故者,谓无所取能取二性故;及有故者,谓虚妄分别中有空性故、及空性中有虚妄分别故。是则契中道者,谓一切法非一向空，亦非一向不空，如是理趣妙契中道，亦善符顺般若等经说一切法非空非有。

译文

《辩中边颂》中又说：

所以说一切法，不是空，也不是不空。它有空性和世俗的虚妄分别，无能取所取。虚假分别中有空性，空性中有虚假分别，这样的理解才算契合了佛法的中正之道。

本论说："一切法"，指各种有为法和无为法。对法的虚假分别叫有为，也就是有人的作为；把被认识的对象和能认识都看作是空叫无为，也就是任其自然，没有人为。依前面所说的道理，说一切法的本质不是空也不是不空，因为有空的本性、有虚假分别的缘故，说法不是空；因为被认识的对象和能认识都没有自己的本性的缘故，说它不是不空。"有"，是说有空性、有虚假分别；"无"，是说没有被认识的对象和能认识的本性；"及有"，说的是在虚假的分别中蕴含着空性，而空性中也有虚假分别的存在。"是则契中道"，说的是一切法不是绝对的空，也不是绝对的不空。这样的理解精妙地契合了中道，也很好地符合了般若等经所说的一切法不是空也不是有的道理。

原典

如是已显虚妄分别有相、无相，此自相①今当说。颂曰：

识②生变似义③，有情我及了。
此境实非有，境无故识无。

论曰：变似义者，谓似色等诸境性现；变似有情者，谓似自他身五根性现；变似我者，谓染末那④与我痴等，恒相应故；变似了者，谓余六识⑤了相粗故。此境实非有者，谓似义似根无行相故，似我似了非真现故，皆非实有。境无故识无者，谓所取义等四境无故，能取诸识亦非实有。

复次颂曰：

虚妄分别性，由此义得成。
非实有全无，许灭解脱故。

论曰：虚妄分别，由此义故，成非实有；如所现起非真有故，亦非全无，于中少有乱识生故。如何不许此性全无？以许此灭得解脱故。若异此者，系缚解脱则应皆无，如是便成拨无杂染及清净失。

注释

① **自相**：梵语为 sva-lakṣaṇa 或 svabhāva，又叫自性，与"共相"相对，指一事物不同于他事物的自身独有的特殊本质。

② **识**：梵语为 vijñāna，巴利语为 viññaṇa，音译作毗阇那、毗若南。原义指在对对象进行分析的基础上产生的认知作用。大、小乘佛教都承认有六识，唯识宗独创八识说。本论此处的"识"，即指八识，包括：（一）前六识，具体是眼识、耳识、鼻识、舌识、身识、意识，在认识过程中起了别对象的作用，大致相当于今天的感性认识和理性认识。（二）第七识，即末那识，称为思量识，就是永恒地审视思量一切认识，使之带有"我"的价值定向。（三）第八识，叫阿赖耶识，又叫藏识，蕴含有整个世界的种子，是前七识的根据、所依，世界的本体。作为主体，这八种识都有能变的功能，当根境和合、因缘俱足时，八识就变现出整个世界的图象，并以之作为自己的认识对象。

③ **义**：梵语为 artha，巴利语为 attha，原义指意义、道理。此处指与心识相对的境。

④ **末那**：梵语为 manas 的音译，意译为"意"，意思是思量。唯识宗中把它立为八识中的第七识，是永恒

地执着第八识阿赖耶识为"我"的染污识，它永恒地与我痴、我见、我慢、我爱相应，赋予一切认识以我的价值特性，其特质为"恒审思量"。此识是我执的根本，执着之则造恶业，断灭之则彻悟佛理，故又称其为染净识。

⑤六识：梵语为 saḍvijñāna，指眼、耳、鼻、舌、身、意等六种认识作用，即以眼、耳、鼻、舌、身、意等六根为依，对色、声、香、味、触、法等六境，产生见、闻、嗅、味、触、知等了别作用。其中前五识相当于我们今天所说的感性认识，第六识相当于理性认识。小乘佛教认为人只有这六识，而大乘唯识宗则在其上增加末那识与阿赖耶识，构成八识说。在唯识宗看来，六识只是对境起了别作用的比较粗浅的认识。

译文

这样我们已经说明了虚假分别的有的性质、无的性质，现在我们来说它自身的性质。《辩中边颂》说：

当第八识因缘而生起时，它就变现出好像真实的外境，变现出好像真实的有情众生、"我"的妄念和能认识外境的前六识。这些对象实际上并不是真有，因为对象是无，所以认识也必定是无。

本论认为:"变似义"是说,识变现出色、声、香、味、触、法等六境,像真实的一样出现。"变似有情"是说,变现出像真有自身与他身差别的带有眼根、耳根、鼻根、舌根、身根等五根的有情众生。"变似我"是说,变现出与我痴、我爱、我慢、我见等四烦恼永恒相应的染污的末那识。"变似了"是说,变现出能粗浅地了别外境的眼识、耳识、鼻识、舌识、身识、意识等前六识。"此境实非有"是说,所变现的,好像是境,好像是根,但都没有真实不变的相状;好像是永恒审核思量的"我",好像是对外境的了别,但都不是真实的显现,都不是实在的有。"境无故识无"是说,因为外境、有情、我的妄念、六识等都是无,所以认识也不是实有。

《辩中边颂》中又说:

认识的虚假分别的本性,由上述的含义得以成立。

它不是实在的有,也不是完全的无,人们正是由此许愿灭除烦恼求得解脱。

本论说:由上面所说的道理,虚假分别的确不是实在的存有;但如同它的出现不是实在的存有一样,它也不是完全的无;在其中它有一些混乱的意识产生。为什么不设想它的本性是完全没有呢?这样做是为了灭除烦恼得到解脱。如果不是这样,那么烦恼的系缚与涅槃解脱也就都不存在了，这样便否定了杂染和清净的区别，失之于片面了。

原典

已显虚妄分别自相，此摄相今当说。但有如是虚妄分别，即能具摄三种自性。颂曰：

唯所执依他，及圆成实性。
境故分别故，及二空故说。

论曰：依止虚妄分别境故，说有遍计所执自性[1]。依止虚妄分别性故，说有依他起自性[2]。依止所取能取空故，说有圆成实自性[3]。

注释

[1] **遍计所执自性**：梵语为 parikalpita-svabhāva，又叫虚妄分别相、分别性等。遍，指周遍物质和精神等一切现象；计，指计度思量；遍计所执就是普遍地计度思想宇宙万物，并虚假地认为它们是实有。

[2] **依他起自性**：梵语为 para-tantra-svabhāva，又

叫因缘相、他根性。他，指因缘条件。依他起自性是说一切事物的生起都是根据条件，没有自性。

③ **圆成实自性**：梵语为 pariniṣpanna-svabhāva，又叫成就相、真实相。圆指圆满，成指成就，实指真实。圆成实自性就是指世界圆满、真实的本性，如宇宙万物都依他而起，虚妄地认为它们实有是错误的等。

译文

前面已经说明了虚假分别的自身的性质，现在来说它含摄的性质。只要有对事物的虚假分别的存在，它就具有含摄三种性质。《辩中边颂》中说：

虚假分别含摄的性质是遍计所执性、依他起性，以及圆成实性。

这三种性质成立的理由是因为计度外境虚假为实有，根据外因分别而起的，以及被认识对象和能认识都是空的。

本论说：根据对象是虚假分别产生的道理，说有遍计所执这一自性；根据事物的性质是虚假分别的道理，说有依他起自性；根据被认识的对象和能认识都是空的道理，说有圆成实自性。

原典

已显虚妄分别摄相,当说即于虚妄分别入无相方便相。颂曰:

依识有所得,境无所得生。
依境无所得,识无所得生。

论曰:依止唯识有所得故,先有于境无所得生。复依于境无所得故,后有于识无所得生。由是方便得入所取能取无相。

复次颂曰:

由识有得性,亦成无所得。
故知二有得,无得性平等。

论曰:唯识生时,现似种种虚妄境故,名有所得;以所得境无实性故,能得实性亦不得成;由能得识无所得故,所取能取二有所得,平等俱成无所得性。

译文

前面已经说明了虚假分别所含摄的三种自性,现在我们来说理解虚假分别本性是无的途径,即方便法门。《辩中边颂》中说:

根据识能变现对象的道理,对象本质上是没有自性的。

根据对象本质上没有自性的道理,识本身也没有自性。

本论说:根据识能变现万物的道理,似乎是先于识而存在的对象其实是没有自性的。根据对象没有自性的道理,似乎是在对象后面存在的识也是没有自性的。由这个方便途径,我们得以理解被认识的对象和能认识本性都是无的道理。

《辩中边颂》又说:

根据识能变现虚假的对象的特性,识本身也是没有自性的。

因此知道被认识的对象和能认识,它们在没有自性上是平等的。

本论说:当识生起时,它变现出种种虚假的对象,这叫有所得;因为所得的对象没有实在的本性,所以能得的认识的实在性也不能成立;由于能得的识没有所得，因此被认识的对象和能认识两种存在，统统没有自己的本性。

原典

显入虚妄分别无相方便相已，此差别异门相今次当说。颂曰：

三界①心②心所③，是虚妄分别。
唯了境名心，亦别名心所。

论曰：虚妄分别差别相者，即是欲界、色、无色界诸心心所。异门相者，唯能了境总相名心，亦了差别，名为受等诸心所法。

注释

① **三界**：梵语为 trayo dhātavaḥ，指众生居住的欲界、色界、无色界，这是系迷于生死轮回的众生的三种生活境界，又称为苦界、苦海。欲界，是具有淫欲、情欲、色欲、食欲等欲望的世界，包括地狱、畜生、饿鬼、天、人以及它们依存的场所，如人所居住的四大洲等。色界，位于欲界之上，已经远离欲界中的食、淫二

欲，但仍有清净色质的世界，如高大精妙的宫殿等。此界依禅定的深浅分为四级，共十八天。无色界，在色界之上，只有受想、行、识四心，而无色质的世界。此界没有任何物质存在，没有身体、国土、宫殿，只有心识处于禅定之中，共有四种，称为四无色。三界的果报虽有优劣苦乐之别，但均属迷界，为修佛法者厌弃，有待超离。

②**心**：此处指心王，相对于心所而言，指眼、耳、鼻、舌、身、意、末那、阿赖耶等八识的识体自身，意为精神作用的主体，其功能是了别、把握对象的总相，即整体性，对心所有统摄、决定作用。

③**心所**：又名心所法、心所有法等，与心王相对，指相应于心王而起的生理活动和精神现象，为心所有，故名。唯识宗把"心所"分为六类五十一种，其功能是了别认知事物的别相，即差别性、特殊性。

译文

已经述说了理解虚妄分别是无的方便途径，现在来解释它的差别相、异门相。所谓差别相，是从纵向说，把万法区分为不同的类别；所谓异门相，是从横向论，在同一种法上立种种异名，以开启理解的不同门户。

《辩中边颂》中说：

　　欲界、色界、无色界的心王与心所，都是虚妄分别的结果。

　　能了别境总相就叫作心王，它也有别名叫心所。

　　本论认为：虚妄分别差别相所说的，就是世界区分为欲界、色界、无色界等三界，它们还各自拥有自己的心王与心所。异门相说的是，能了别境的总相，即整体性，叫作心王；能了别境的别相，即差别性的是心所，因此又叫受等诸心所法。

原典

　　今次当说此生起相。颂曰：

　　　　一则名缘识①，第二名受者，
　　　　此中能受用，分别推心所。

　　论曰：缘识者，谓藏识，是余识生缘故。藏识为缘，所生转识。受用主故，名为受者。此诸识中受②能受用，想③能分别，思④作意等，诸相应行，能推诸识，此三助心，故名心所。

注释

①**识**：此处可有二种理解。一是指藏识，如论中的解释。二是指五蕴之一的识蕴，亦即八种识的心王，与后面的心所相对，说明识蕴对受、想、思三种心所法的决定作用。

②**受**：心所法之一，五蕴中列第二。指心识对境相的领纳以及由此产生的感受。

③**想**：心所法之一，五蕴中列第三。在本颂中又称为分别。其功能在于对境了别、摄取其共相，并以种种概念命名之。

④**思**：心所法之一，五蕴中列第四。又叫作"行"，本颂中又称为"推"。指对境造作产生意向，并以此作用于心，形成行为的意愿。

译文

现在来说虚假分别生起的状况。《辩中边颂》中说：

第一要有成为万物因缘的识，第二要有识的领受者，此八识心王中有能受用，以及能分别、能造作的作用，叫心所。

本论认为：缘识，就是指藏识，是其余各种识生起的因缘。藏识为因缘，它所生的种种识叫转识。转识因有领受作为主体的藏识因此叫"受者"。在各识中，受能领纳受用外境，想能分别概括对象，思能有意造作自己的意向，这些相状随心王而现，又能推动心王，所以受、想、思三者作为心王的助翼，便被称为心所。

原典

今次当说此杂染相。颂曰：

覆障及安立，将导摄圆满，
三分别受用，引起并连缚，
现前苦果故，唯此恼世间。
三二七杂染，由虚妄分别。

论曰：覆障故者，谓由"无明"覆如实理，障真见故。安立故者，谓由诸"行"植本识中业熏习故。将导故者，谓有取"识"引诸有情至生处故。摄故者，谓"名色"摄有情自体故。圆满故者，谓"六内处"令诸有情体具足故。三分别故者，谓"触"能分别根、境、识三顺、三受故。受用故者，谓由"受"支领纳顺、违、非二境故。引起故者，谓由"爱"力令先业所引后有得起故。连缚故者，谓"取"令识缘顺欲等连缚生故。现前故者，谓由"有"力令已作业所与后有诸异熟果得现前故。苦果故者，谓"生"、"老死"性有逼迫酬前因故。唯此所说十二有支，逼恼世间令不安隐。

三杂染[①]者：一烦恼杂染，谓无明、爱、取；二业杂染，谓行、有；三生杂染，谓余支。二杂染[②]者：一因杂染，谓烦恼业；二果杂染，谓所余支。七杂染者，谓七种因：一颠倒因，谓无明；二牵引因，谓行；三将导因，谓识；四摄受因，谓名色、六处；五受用因，谓触、受；六引起因，谓爱、取、有；七厌怖因，谓生、老死。此诸杂染无不皆由虚妄分别而得生长。

注释

① **三杂染**：杂，驳杂不纯；染，染污。通常杂染与染污同义，但据唯识宗的解释，杂染为一切有漏法的总称。杂染分为三种：一是烦恼杂染，又叫惑杂染，指污染真性的一切烦恼，包括烦恼与随烦恼。有多种分类，本论中指十二缘起中的无明、爱、取。二是业杂染，指由烦恼所生的一切身、口、意三业引起的杂染，本论中指十二缘起中的行、有。三是生杂染，又叫苦杂

染，由烦恼和业而生，得到苦报，污染真性，本论中指识、名色、六处、触、受、生、老死等七支。

②**二杂染**：从因、果两个角度对十二有支的分类。因杂染有过去因和现在因两种，前者指无明与行，后者指爱、取、有。相应地，果杂染也分两类，即现在果与未来果，前者有识、名色、六处、触、受五支，后者指生与老死。其中，过去因生现在果，现在因生未来果，称作"三世二重因果"。

译文

现在来分析虚妄分别的杂染相，也就是由虚妄分别引起的有情众生的种种烦恼。《辩中边颂》中说：

覆障真理的"无明"和安植业力的"行"，导引有情的"识"，统摄有情的"名色"和构成有情的"六处"，分别根、境、识的"触"和领纳外境的"受"，引起业力的"爱"和连接系缚有情的"取"，呈现于眼前业果的"有"和标志人生苦果的"生""老死"，这十二种因素使整个世间充满了烦恼。

依不同的标准，它们可以区分为三杂染、二杂染和七杂染，所有这些都来自虚妄分别。

本论认为："覆障"，就是"无明"，它覆盖真实的道理，障碍真知灼见。"安立"就是"行"，众生的种种行为都是在阿赖耶识中种植、熏习业力种子。"将导"，就是"识"，指带有意志取向的识将引导众生到其相应的处所投生。"摄"，就是"名色"，指精神与物质两类因素统摄了众生的体相。"圆满"就是"六处"，指眼、耳、鼻、舌、身、意等六根使众生的体相圆满具足。"三分别"，就是"触"，指众生的根、境、识接触时能分别出有利、不利、无利害三种境界和苦、乐、不苦不乐三种感受。"受用"，就是"受"，指众生的感受能领纳顺境、违境、非顺非违境等。"引起"，就是"爱"，指有情的贪爱能使种种业力得有果报。"连缚"，就是"取"，指对事物的执取使众生的精神攀援、顺益种种欲望并连锁缠缚住后来的生命。"现前"即"有"，它能使有情已作的业因在现前呈现出其异熟的果报。"苦果"，就是生、老死，它们对生命有永恒的逼迫感，是对前面诸种业因的酬答与报应。就是这里说的"十二有支"，逼迫烦恼着众生使其不能安稳。

所谓的三杂染是说：第一烦恼杂染，包括无明、爱、取三支；第二业杂染，包括行、有二支；第三生杂染，指其余诸支。十二有支还可分为二杂染：第一是因杂染，包括烦恼杂染中的无明、爱、取和业杂染中的行、有共五支；第二是果杂染，指所余的七支，即识、名色、六处、触、受、生、老死。所谓七杂染，是从原因上分别，指虚妄分别的七种原因：一是颠倒因，颠倒真理妄念，指无明；二是牵引因，行为牵引果报，指行；三是将导因，果报的前导，指识；四是摄受因，摄含众生的体相，指名色与六处；五是受用因，由接触而生起领纳诸种感受，指触与受；六是引起因，引起未来苦报之因，指爱、取、有；七是厌怖因，厌弃怖畏世间的原因，指生与老死。这种种杂染无一不由虚妄分别而得以生长。

原典

此前总显虚妄分别有九种相：一有相，二无相，三自相，四摄相，五入无相方便相，六差别相，七异门相，八生起相，九杂染相。

译文

上面这一节我们从总体上说明了虚假分别的九种性质，它们是：第一，虚假分别是有；第二，虚假分别是无；第三，虚假分别自身的性质；第四，虚假分别含摄的性质；第五，理解虚假分别是无的方便途径；

第六，虚假分别间的差别；第七，各种虚假分别的异名；第八，虚假分别的生起；第九，虚假分别的杂染。

第二节 世界的本质是空与不空

原典

如是已显虚妄分别，今次当说所知空性。颂曰：

诸相及异门，义差别成立。
应知二空性，略说唯由此。

论曰：应知所取能取空性，略说但由此相等五。

译文

前面显明了虚妄分别的含义，现在应当说明空性了。《辩中边颂》中说：

空性的相状及异名，异名的含义、空性的差别和成立。

我们须知的所取能取二空性，其解释就在这五个方面里。

本论认为：我们应当知晓的所取、能取空性，其解释就在以下五种特征里。

原典

所知空性其相云何？颂曰：

无二有无故，非有亦非无，
非异亦非一，是说为空相。

论曰：无二谓无所取能取，有无谓有二取之无。此即显空无性为性，故此空相非有非无。云何非有？无二有故。云何非无？有二无故。此显空相非有非无。此空与彼虚妄分别非异非一。若异应成法性异法，便违正理，如苦等性。若一则应非净智境，亦非共相。此即显空与妄分别离一异相。

译文

我们所说的空性的相状是什么呢？《辩中边颂》中说：
因为没有所取能取的自性，而有所取能取的自性是无的道理，所以说空性是既非有，也非无，空性与虚妄分别既非差异，也非同一，这就是我们要说的空性的相状。

　　本论认为："无二"说的是没有所取、能取的自性，"有无"说的是有所取、能取二取无的道理。这就显示出空以无性为性，因此空的相状是非有非无。为什么说是非有呢？因为它没有所取能取的自性。为什么说是非无呢？因为它有所取能取二取无的道理。这就显示出空的相状是非有非无。这个空与那虚妄分别是既非差异又非同一的关系。如果它们两者是差异的，那么法的本性与法便是不同的，这违背了佛说正理，譬如苦等法的本性。如果空与虚妄分别是同一的，那么真如空性就应不是纯净无漏的智慧境界，也不是诸法的共相。这就显明了空与虚妄分别远离单纯的差异或同一的特性。

原典

　　所知空性异门云何？颂曰：

　　　　略说空异门，谓真如实际，
　　　　无相胜义性，法界等应知。

论曰：略说空性有此异门。云何应知此异门义？颂曰：

　　由无变无倒，相灭圣智境，

　　及诸圣法因，异门义如次。

论曰：即此中说所知空性。由无变义说为真如，真性常如，无转易故。由无倒义说为实际，非诸颠倒，依缘事故。由相灭义说为无相，此中永绝一切相故。由圣智境义说为胜义性，是最胜智所行义故。由圣法因义说为法界，以一切圣法缘此生故，此中界者，即是因义。无我等义如理应知。

译文

什么是所说的空性的异门，也就是不同的名称呢？《辩中边颂》中说：

简略地说空相的异名，叫真如，又叫实际，还称作无相、胜义性，以及法界等。

本论说：此颂简略地叙述了空性的五种异名。这些异名的含义是什么呢？《辩中边颂》中说：

真如的含义是"无变"，指诸法空性真性常在，如其所是永无变易；

实际的含义是"无倒"，指心中的名言是外现的事物相合相契，没有一丝颠倒；

无相的含义是"相灭"，即诸相的分别皆由心作，没有自性，若以空观智慧对待，各种分别相自将绝灭；

胜义性的含义是"圣智境"，指胜义是理解空性的圣者的智慧达到的境界；

法界的含义是"圣法因"，即圣法的原因，指空性。

以上所述，就是空性的异名的含义。

本论认为：这一颂就是解释空性的含义的。它用无变的意义说明真如，真性恒常如其所是，没有转化变易。它用无倒的意义说明实际，指心中的名言依据攀缘事实，两者没有颠倒。它用相灭的意义说明无相，指空观智慧将永远断绝一切分别的相状。它用圣境智的意义说明胜义性，胜义就是最殊胜的佛果之智所达到的境界。它用圣法因的意义说明法界，说明一切圣法都根据空性而生，这里的"界"字，就是原因的意思。空性还有其他的异名，如无我等，其含义道理也能由此推知。

原典

云何应知空性差别？颂曰：

此杂染清净，由有垢无垢。

如水界金空，净故许为净。

论曰：空性差别略有二种：一杂染，二清净。此成染净由分位别，谓有垢位说为杂染，出离垢时说为清净。虽先杂染后成清净，而非转变成无常失。如水界等出离客尘。空净亦然，非性转变。

此空差别复有十六，谓内空、外空、内外空、大空、空空、胜义空、有为空、无为空、毕竟空、无际空、无散空、本性空、相空、一切法空、无性空、无性自性空。此等略义云何应知？颂曰：

能食及所食，此依身所住。
能见此如理，所求二净空。
为常益有情，为不舍生死，
为善无穷尽，故观此为空。
为种性清净，为得诸相好，
为净诸佛法，故菩萨观空。

论曰：能食空者，依内处说即是内空。所食空者，依外处说即是外空。此依身者，谓能所食所依止身，此身空故，名内外空。诸器世间说为所住，此相宽广故名为大，所住空故名为大空。能见此者，谓智能见内处等空，空智空故，说名空空。如理者，谓胜义即如实行，所观真理，此即空故，名胜义空。

菩萨修行为得二净，即诸有为无为善法，此二空故，名有为空及无为空。为于有情常作饶益，而观空故名毕竟空。生死长远无初后际，观此空故名无际空。不观为空便速厌舍，为不厌舍此生死故，观此无际生死为空。为所修善至无余依般涅槃[①]位，亦无散舍而观空故，名无散空。诸圣种性自体本有，非习所成说名本性，菩萨为此速得清净，而观空故，名本性空。菩萨为得大士相好，而观空故名为相空。菩萨为令力、无畏等一切佛法皆得清净，而观此空故名一切法空。

是十四空随别安立，此中何者说名为空？颂曰：

补特伽罗[②]法，实性俱非有。
此无性有性，故别立二空。

论曰：补特伽罗及法，实性俱非有故，名无性空。此无性空非无自性，空以无性为自性故，名无性自性空。于前所说能食空等，为显空相别立二空，此为遮止补特伽罗、法增益执，空损减执，如其次第立后二空。

注释

① **无余依般涅槃**：梵文为 nirupadhiśeṣa-nirvāṇa,

译为无余依涅槃或无余涅槃，文中"般"字疑为衍文。四种涅槃之一。依，指依身，人的身体。无余依涅槃就是指断绝一切烦恼，五蕴之身也灭，失去一切所依之处的涅槃。

② 补特伽罗：梵文为 pudgala，在佛教文献中又译作福伽罗、补伽罗、富特伽耶等。意译为人、众生、数取趣，指生死轮回的主体。数，屡次；取，摄取；趣，天、人、畜生、饿鬼、地狱等五道；数取趣就是说在五道中轮回不已的承担者。在部派佛教的犊子部、正量部、经量部等派别中，主张补特伽罗为实有。本文主张补特伽罗没有实在性。

译文

什么是所说的空性的差别呢？《辩中边颂》中说：

空性具有杂染和清净两种相状，这是因为它有时被污垢染污，有时出离污垢染污。

就像水时而混浊，金子时而有杂质，虚空时而有云，但它们的本性永远纯净一样。空性的本性是清净的，因此它是恒常的净。

本论认为：空性的差别大致可以分为两种：一是杂染空性，二是清净空性。这种分别是因空性处于不同的果位而形成的。在有烦恼的凡夫果位,它是杂染,在出离烦恼的佛果位,它是清净。虽然是经常先有杂染相,后来才成就清净相,但这并不是说空性自身有所转变,是无常的。像水、金子、虚空等虽常有染污,但本性是出离外在尘埃的一样,空性的清净本相也是如此,它的本性是没有变化的。

空性的差别还可以区分为十六种,叫作:内空、外空、内外空、大空、空空、胜义空、有为空、无为空、毕竟空、无际空、无散空、本性空、相空、一切法空、无性空、无性自性空。它们的大意是什么呢?《辩中边颂》中说:

能吸收摄纳外六处的眼、耳、鼻、舌、身、意等内六根是空,为内六根所吸收摄纳的色、声、香、味、触、法等外六处是空;内六根与外六处所依赖的身体是空,身所居住的浩大的世界是空;能洞见上述空性的空观智慧是空,这殊胜的如实真理的本性是空;菩萨追求的一切有为法与无为法的清净本性是空。

菩萨恒常地从根本上有益于众生,世人往往不能舍离生与死的际界,菩萨的善行无有穷尽,永不散失,应当把这些都看作是空。

为了得到各自种性的清净本性,为了得到圆满美好的佛果之相,为了使一切法清净无尘,菩萨都要以空观智慧来观想它们，体认它们的空性。

本论认为："能食空"，就是从眼、耳、鼻、舌、身、意等内六处立说，阐明它们的空性，亦即"内空"。"所食空"，就是从色、声、香、味、触、法等外六处立说，阐明它们的空性，亦即"外空"。"此依身"，指能摄食的六根与所摄食的六尘所依止的身体，它的本性是空，叫"内外空"。为有情居住的无情的空间称为"所住"，它的相状宽广，因此称作"大"，这个大的"所住"本性是空的，叫"大空"。"能见此"指的是能看到内处、外处、内外处、所住等都是空的空观智能，而这空观智能本身也是空的，因此叫作"空空"。"如理"说的是胜义，也就是如实而行所观察到的真理，它的本性是空，因此叫作"胜义空"。

菩萨修行的目的是为获得二种净，也就是世俗的有为善法和殊胜的无为善法，这两者的本性都是空，因此叫"有为空"和"无为空"。对于有情众生常常做有帮助的事，而这把一切能益所益都看作是空，叫"毕竟空"。生与死从长远看并没有初始与后来的分际，能观想到生死界限的空叫"无际空"。如果不把生死的界限看作是空的，便会迅速厌舍这有生死的世俗界，为了不厌舍这生死界以拯救之，菩萨观想生与死没有分际，本性是空。为了所修行的善法达到无余涅槃的果位，并且永远没有散舍，而将它看为空，叫"无散空"。菩萨的种性为其自体本来固有，不是后天习染而成，因此叫"本性"，菩萨为了它的本性迅速得以清净而修空观，叫"本性空"。菩萨为了修成佛的三十二相，八十种好而修空观，叫作"相空"。菩萨为使包括为人说法在内的一切有为法与无为法都得以清净而修空观，叫"一切法空"。

这十四种随着它们各自的自性确立，它们内在的空体是什么呢？《辩中边颂》中说：

作为轮回主体的补特伽罗与作为存在的法，它们的实在性都是没有的；以此没有实在性作为自性，由此确立无自性与无自性的自性两种空。

本论认为：补特伽罗和法，实性都是没有的，这叫"无性空"。这个无性空并不是没有自性，空以无性为自性，因此叫"无性自性空"。对于前面所说的能食空等，为了显示它们的空相才又确立了这两种空，这是为了排除人们认为补特伽罗和法能够增益，空性能够损减的执着，这就是根据次第确立后两种的理由。

原典

如是已显空性差别，此成立义云何应知。颂曰：

此若无杂染，一切应自脱。
此若无清净，功用应无果。

论曰：若诸法空，未生对治，无客杂染者，一切有情不由功用，应自然解脱。若对治已生，亦不清净，则应求解脱，勤劳无果既尔。颂曰：

非染非不染，非净非不净。
心性本净故，由客尘所染。

论曰：云何非染非不染？以心性本净故。云何非净非不净？由客尘所染故。是名成立空差别义。

此前空义总有二种，谓相、安立。相复有二，谓无及有。空性有相，离有、离无、离异、离一以为其相。应知安立即异门等。

译文

这样我们已经显明了空性的差别，空性成立的含义应该是什么呢。《辩中边颂》中说：

如果诸法没有杂染，那么一切法应当自然解脱。
如果诸法没有清净，那么修行就应当没有结果。

本论认为：如果诸法的空性，不用对治排遣烦恼便无外在的客尘杂染它，那么一切有情不用修行的功用，应当自然解脱。如果已经对治排遣烦恼，但仍不清净，那么追求解脱的勤劳修行就应当没有结果。《辩中边颂》中说：

不是染也不是不染，不是净也不是不净。

心性本来是清净的，只是由客尘杂染了。

本论认为：为什么说"非染非不染"？这是因为心性本净。为什么说"非净非不净"？这是因为客尘杂染了空性。这就是我们确立的空及其差别等等的含义。

前面所述的空的含义又可以从总体上分为两种，即空的"相"和空的"安立"。相又有两种，就是没有能取所取自体的"无"，和有能取所取道理的"有"。空性有相，它以离有、离无、离异、离一作为它的相状。空性的"安立"，就是指空的异名、异名的含义、空的差别、空的成立等四层意义。

2　第二章　成佛的障碍

原典

已辩其相，障今当说。颂曰：

具分及一分，增盛与平等，
于生死取舍，说障二种性①。

论曰：具分障者，谓烦恼障及所知障，于诸菩萨种性法中具为障故。一分障者，谓烦恼障，障声闻等种性法故。增盛障者，谓即彼贪等行。平等障者，谓即彼等分行。取舍生死，能障菩萨种性所得无住涅槃，名于生死有取舍障。如是五障随其所应，说障菩萨及声闻等二种种性。

注释

①**二种性**：指本性住种性和习所成种性。本性住种性是说从无始以来，便依附于第八阿赖耶识，本性中自存无漏法种子，永不失坏；本论中即指菩萨种性。习所成种性是指闻如来之教法，生起闻、思、修三慧，新熏习有漏之善种，并由此增长其无漏法种子，本论中指声闻、缘觉种性。又：声闻、缘觉称作二乘，加上菩萨称为三乘，指三类获得解脱的方式。

译文

已经辩明了世界本性，现在该说解脱的障碍了。《辩中边颂》中说：

具分障及一分障，增盛障与平等障，于生死有取舍障，它们障碍着菩萨及声闻等两种种性的解脱。

本论认为："具分障"是指由贪等各种根本烦恼和嫉等各种随烦恼组成的烦恼障，及对所应认识的境无能无力的所知障，它们是诸菩萨种性解脱的障碍。"一分障"就是指烦恼障，它们是声闻、缘觉种性解脱的障碍。"增盛障"是指贪、瞋、痴等对烦恼有巨大增大兴盛作用的行为，它们是解脱的大障碍。"平等障"是说贪、瞋、痴等烦恼的障碍作用平等无差别。对生死有所取舍，能障碍菩萨种性修得最高的既不住于生死、也不住于涅槃的无住处涅槃，这叫"于生死有取舍障"。这五种障碍分别有其所对应，以障碍菩萨及声闻等两种种性。（具体是：具分障和于生死取舍障障碍菩萨种性，一分障唯障声闻、缘觉种性，增盛障与平等障则双障菩萨与声闻、缘觉种性。）

原典

复次颂曰：

九种烦恼相，谓爱等九结①
初二障厌舍，余七障真见。
谓能障身见，彼事灭道宝，
利养恭敬等，远离遍知故。

论曰：烦恼障相略有九种，谓爱等九种结。爱结障厌，由此于顺境不能厌离故。恚结障舍，由此于违境不能弃舍故。余七结障真见，于七遍知如次障故。谓慢结能障伪身见遍知，修现观时有间无间我慢现起，由此势力彼不断故。无明结能障身见事遍知，由此不知诸取蕴故。见结能障灭谛遍知，由萨迦耶②及边执见怖畏灭故，由邪见谤灭故。取结能障道谛遍知，取余法为净故。疑结能障三宝遍知，由此不信受三宝功德故。嫉结能障利养恭敬等遍知，由此不见彼过失故。悭结能障远离遍知，由此贪着资生具故。

注释

① **结**：梵文为 banhana 或 saṃyojana，原义为系缚，亦即烦恼，指烦恼系缚众生迷于妄见不得解脱。佛教中对结的分类有二、三、四、五、九等多种，本论中分析的是九结，即障碍众生解脱的九种烦恼。

② **萨迦耶**：梵文为 sat-kāya，意思是有身。萨迦耶见为五见之一，又译作有身见、伪身见、坏身见、身见等，以五蕴和合而成的"我"为真实，妄执有我、我所的存在。五见中其余四见为：边执见，偏执极端一边之见解，或谓我死后常住不断，称为常见，或谓我死后断绝，称为断见。邪见，否定因果道理的见解。见取见，执着错误见解为真实。戒禁取见，以不正确的戒律作为抵达涅槃的戒行而实行之。五见是障碍解脱的根本烦恼中的五种恶见。

译文

《辩中边颂》又说：

烦恼障的相状共有九种，叫作爱、恚等九结。

第一、第二结分别障碍厌离顺境和舍弃烦恼，其余的七种结障碍获得真知灼见。

就是能障碍见我身为虚伪无实的智慧，能障碍见我身实为五蕴假和法的智慧、证灭谛的智慧、修道谛的智慧和佛法僧三宝的智慧，能障碍得到关于名闻利养、谦恭尊敬等的智慧，能障碍远离贪着资助生命财富的智慧。

本论认为：烦恼障的相状共有九，叫作爱结、恚结等九结。爱结，障碍厌离，它使有情贪爱顺境而不愿厌弃。恚结，障碍舍弃，它使有情将逆境郁结于心而不舍离。其余的七结障碍真见，其障碍作用详说如次。慢结，能障碍对自身虚伪无实的本性的理解，当智慧现行修行观法时，它有间隔无间隔地生起我的妄见，并因此将"我"妄执为实不断。无明结，能障碍对执着自身之事做正确理解的智慧，不知自身是由五蕴和合而成。见结，能障碍对四谛中灭谛正确认识的智慧，它或由萨迦耶见妄执"我身"为实有，或由边执见来偏执我死之后或常住不灭、或彻底断绝，或由邪见否定四谛因果关系，这些都是对涅槃解脱的障碍。取结，能障碍四谛中的道谛，因为它错误地执取佛法之外的方法作为解脱之道。疑结，能障碍对佛、法、僧三宝的正信，它由于怀疑而不能信仰与接受三宝的功德。嫉结，能障碍对名闻利养、谦恭尊敬等正确理解的智慧，由嫉而不能明察执着于名利荣誉的过失。悭结，能障碍远离贪着的智慧，由悭吝而贪爱执着资助生命的财富等。

原典

复有别障能障善等十种净法，其相云何？颂曰：

无加行非处，不如理不生；
不起正思维，资粮未圆满；
阙种性善友，心极疲厌性；
及阙于正行，鄙恶者同居；
倒粗重三余，般若未成熟；
及本性粗重，懈怠放逸性；
着有着资财，及心性下劣；
不信无胜解，如言而思义；
轻法重名利，于有情无悲；
匮闻及少闻，不修治妙定。

译文

还有一些特别的障碍能够覆障善等十种清净佛法,这些障碍的内容是什么呢?《辩中边颂》中说:

不努力修行,不正确地努力修行,不合佛理地努力修行,不能生起善法,不能生起正确的思维,成佛的资粮还不圆满;缺少成佛的种性,缺少善知识,成佛的心力极度疲弱厌倦;还有缺少正确的修行,与鄙陋无知的人、作恶的人同居一处;充满颠倒的错误见解,充满烦恼、业力、果报等杂染,获得佛法大智的条件还不成熟;本性粗劣沉重,对修行松懈倦怠,放纵安逸自己的邪欲;贪恋有因果善报,贪恋物质财富,心性卑下低劣;不信仰佛法,对佛法没有殊胜的理解,只是通过佛法的言说思考其表面含义;轻视佛法,重视名闻利益,对有情众生没有慈悲的心怀;从未听说过佛法,或自满于听到一点点佛法,不能修行治灭烦恼以得美妙禅定。

原典

论曰:如是名为善等法障,所障善等其相云何?颂曰:

善菩提摄受，有慧无乱障，
回向不怖悭，自在名善等。

论曰：如是善等十种净法，谁有前说几种障耶？颂曰：

如是善等十，各有前三障。

论曰：善有三障：一无加行，二非处加行，三不如理加行。菩提有三障：一不生善法，二不起正思维，三资粮未圆满。发菩提心名为摄受，此有三障：一阙种性，二阙善友，三心极疲厌性。有慧者，谓菩萨于了此性有三种障：一阙正行，二鄙者共住，三恶者共住。此中鄙者，谓愚痴类；乐毁坏他，名为恶者。无乱有三障：一颠倒粗重；二烦恼等三障中，随一有余性；三能成熟解脱慧未成熟。性障断灭名无障，此有三障：一俱生粗重，二懈怠性，三放逸性。

回向有三障，令心向余不向无上正等菩提：一贪着诸有，二贪着资财，三心下劣性。不怖有三障：一不信重补特伽罗，二于法无胜解，三如言而思义。不悭有三障：一不尊重正法，二尊重名誉利养恭敬，三于诸有情心无悲愍。自在有三障令不得自在：一匮闻，生长能感匮法业故，二少闻，三不修治胜三摩地。

译文

　　本论说：前面说了善等佛法的障碍，被障碍的善等佛法的内容又是什么呢？《辩中边颂》中说：

　　善等佛法包括：善法，菩提觉悟，摄取领受佛法，有菩萨智慧，心不散乱，没有烦恼、所知二障，功德回向众生，没有恐怖，不吝鄙，得佛果后自由自在。

　　本论说：这善等十种净法，分别具有前面所说的障碍中的哪几种呢？《辩中边颂》中说：

　　这里所说的善等十种净法，依次分有前面所提障碍里的三种。

　　本论说：成就善法有三种障碍，一是不努力修行，二是不正确地努力修行，三是不依照佛法努力修行。得到菩提觉悟有三种障碍：一是不生起善法，二是不生起正确的思维，三是成佛的资粮不圆满。发起觉悟之心，摄取领受佛法叫摄受，它有三种障碍：一是缺少成佛的种性，二是缺乏善知识，三是成佛之心极度疲弱厌倦。"有智慧者"说成就菩萨智慧有三是种障碍：一是缺少正确的修行，二是与鄙陋者同居一处，三是与恶者共同居住。这里所说的陋者，指愚昧痴顽的人；喜欢毁坏别人好事的人，就叫恶者。心不散乱有三种障碍：一颠倒真伪，心性粗鲁沉重；二存在杂染的烦恼、业力和果报，只要一项存在，其余两项随之存在；三能够成熟解脱的智慧尚未成熟。没有执着，本性中的障碍断灭叫无障，它的实现有三种障碍：一是与生俱来的本性粗劣沉重，二是修行佛法懈怠，三是欲望放纵安逸。

功德回向众生有三种障碍，它使人心走向邪路而不追求至高无上的觉悟，其内容是：一贪恋善报，二贪恋物资财富，三心性卑下低劣。没有恐怖有三种障碍：一不相信"我"能成佛，二对于佛法没有殊胜的理解，三只能执着于文字来理解佛法的表面含义。不吝啬有三种障碍：一不尊重佛法，二看重名誉利益和别人对自己的态度，三对有情众生没有悲悯之心。了无滞碍，自由自在有三种障碍会令人无法得到自在：一没有听闻过佛法，在其生长中能感到这种匮乏的前业，二只听到一点点佛法便满足，三不修行求证禅定。

原典

复次，如是诸障于善等十，随余义中有十能作，即依彼义应知此名。十能作者：一生起能作，如眼等于眼识等；二安住能作，如四食①于有情；三任持能作，谓能任持如器世间于有情世间；四照了能作，如光明于诸色；五变坏能作，如火等于所熟等；六分离能作，如镰等于所断等；七转变能作，如金师等转变金等成镮钏等；八信解能作，如烟等于火等；九显了能作，如因于宗；十至得能作，如圣道等于涅槃等。依如是义故，说颂言：

能作有十种，谓生住持照，
变分离转变，信解显至得。
如识因食地，灯火镰工巧，
烟因圣道等，于识等所作。

注释

① **四食**：指养育生命的段食、触食、思食、识食等四种食物。段食，即普通的以口、鼻吸收的食物，如鱼、米、香气等；触食，凭接触而生起喜爱，以此养育身体，如专心看戏时不觉得饿，戏便为触食，此外，衣服、洗浴等也是触食；思食，又叫意念食，指精神食粮；识食，指以阿赖耶识为食，使生命轮回而不变坏。

译文

另外，这些障碍对于善等十种清净佛法，还有十种能动作用，我们可以根据十种净法的含义来确知它们的名称。这十种能动作用是：第一，生起的能动作用，如眼能生起眼识；第二，安定居住的能动作用，如养育众生的四种食物可以使有情众生安定居住；第三，担任保持的能动作用，如通常的物质世界可以接受容纳有情众生使之存在；第四，照明显示的能动作用，如光明可以照亮显示各种颜色；第五，转变毁坏的能动作用，如火可以使所煮的食物变熟，失去本来的性质；第六，分离的能动作用，如镰刀可以使草木断开分离；第七，转变的能动作用，如金匠可以转变金子使它成为金镯子等；第八，相信了解的能动作用，如看见烟便可以相信了解到有火；第九，显明的能动作用，如在逻辑中原因可以显明论题；第十，获得最高果位的能动作用，如修行清净的正道可以获得涅槃。根据以上的意思，有颂说：

能动作用有十种，它们指生起、安住、任持、照了，变坏、分离和转变，信解、显了及至得。

如同眼识的生因、四种食物、现实世界、灯光、火焰、镰刀、工巧、烟雾、原因、圣道等，如识等的作用。

原典

于善等障应知亦然：一生起障，谓于其善，以诸善法应生起故；二安住障，谓于菩提，以大菩提不可动故；三任持障，谓于摄受，以菩提心能任持故；四照了障，谓于有慧，以有慧性应照了故；五变坏障，谓于无乱，转灭迷乱名变坏故；六分离障，谓于无障，此于障离系故；七转变障，谓于回向，以菩提心转变相故；八信解障，谓于不怖，无信解者有怖畏故；九现了障，谓于不悭，于法无悭者，为他显了故；十至得障，谓于自在，此是能得自在相故。

译文

这十种能动作用所起的障碍功能也应当知道：第一是生起的障碍，对于善法而言，它能障碍各种善法的生起；第二是安住的障碍，对于觉悟，障碍菩提觉悟的安住不动；第三是任持的障碍，就是对于摄取接受佛法，障碍觉悟之心的担当保持作用；第四是照了的障碍，对于菩萨，障碍菩萨以智慧照知一切法；第五是变坏的障碍，指对于心没有散乱而言，障碍对迷乱之心的转变灭亡称为变坏；第六是分离的障碍，对于没有委执障碍而言，障碍执着的离去；第七是转变的障碍，对于功德回向，障碍觉悟心的转向广布；第八是信解的障碍，对于没有恐怖而言，指一般对佛法没有信仰觉解的人就会产生恐怖畏惧；第九是显了的障碍，对于没有吝啬，障碍对佛法没有吝啬的人向他人显示佛法真理；第十是至得的障碍，对于自在境界，障碍自由自在的最高佛境的获得。

原典

所障十法次第义者，谓有欲证无上菩提，于胜善根先应生起，胜善根力所任持故，必得安住无上菩提；为令善根得增长故，次应发起大菩提心，此菩提心与菩萨性为所依止；如是菩萨由已发起大菩提心及胜善根力所持故，断诸乱倒起无乱倒；由见道中无乱倒故，次于修道断一切障；既断障已持诸善根，回向无上正等菩提；由回向力所任持故，于深广法便无怖畏；既无怖畏，便于彼法见胜功德，能广为他宣说开示；菩萨如是种种功德力所持故，疾证无上正等菩提，于一切法皆得自在，是名善等十义次第。

译文

所障碍的十种清净佛法，它们的含义是有先后次第的：要证得最高的佛法觉悟，首先应生起胜善根，胜善根的力量发挥出来，必然会确立最高的觉悟；为了使善根不断地增长，第二就要发起获得大觉悟的心愿，这种觉悟心与菩萨的本性互相依赖；这样菩萨由已发起的求觉悟的心和殊胜的善根之力作用下，能够斩断各种混乱颠倒的见解，生起无颠倒的正确思想；由于在初入圣道时已经没有了各种混乱颠倒的妄见，接着便要在修行中断除一切贪、瞋、痴等障；断除贪、瞋、痴等障之后，便护持着善根，使其功德回向最高的最上等的觉悟；由于回向力量的作用，对于精深广大的佛法就没有恐怖畏惧，没有恐怖畏惧便使佛法显现出殊胜的功德，能广泛地向他人宣讲开示；菩萨由这种种功德的力量的作用，便很快地证得最高的觉悟，对一切佛法道理和世界都能圆融自在，没有任何障碍；这就是善法等十种清净法的含义的次第。

原典

虽善等法即是觉分[①]、波罗蜜多[②]、诸地功德，而总别异。今应显彼菩提分等诸障差别。颂曰：

于觉分度[③]地[④]，有别障应知。

论曰：复于觉分、波罗蜜多、诸地功德，各有别障。

注释

① **觉分**：又叫菩提分，觉支。指追求觉悟的三十七种修行方法，也就是三十七道品，包括四念住、四正勤、四神足、五根、五力、七觉支、八正道。

② **波罗蜜多**：即自生死迷界之此岸而至涅槃解脱之彼岸。意译为到彼岸、度无极、事究竟。通常指菩萨之修行而言，菩萨之大行能究竟一切自行化他之事，故称事究竟；乘此大行能由生死之此岸到达涅槃之彼岸，故称到彼岸，此大行能度诸法之广远，故称度无极。

③ **度**：谓十度，亦名十波罗蜜，即施、戒、忍、精进、定、慧、方便、愿、力、智的十种。依此十度，能度至彼岸。

④ **地**：谓十地，即初欢喜地乃至第十法云地等，是菩萨所修证的阶位。

译文

虽然前面所说的善等十种净法本身就已包括了觉

悟的三十七种方法，解脱的十种方法和修行所达到的十地阶位，但善等十种净法是从总的方面说的，它们实际上还有个别的差异。现在我们就来说明那些阻碍成就觉悟，障碍修行，阻止达到佛法的具体内容。《辩中边颂》中说：

对于觉悟的支分，解脱方法和修行阶位而言，应当知道它们都有各自的障碍。

本论说：现在来分别说明觉悟支分、解脱方式和修行阶位的各自障碍。

原典

于菩提分有别障者，颂曰：

于事不善巧，懈怠定减二，
不植羸劣性，见粗重过失。

论曰：于四念住[①]有于诸事不善巧障，于四正断[②]有懈怠障，于四神足[③]有三摩地减二事障，一于圆满欲、勤、心、观随减一故，二于修习八断行中随减一故，于五根[④]有不植圆满顺解脱分胜善根障，于五力[⑤]有羸劣性障，谓即五根由障所杂有羸劣性，于七等觉支[⑥]有见过失障，此是见道所显示故，于八圣道支⑦有粗重过失障，此是修道所显示故。

注释

①**四念住**：四念住即：（一）身念住，又作身念处。即观身之自相为不净，同时观身之非常、苦、空、非我等共相，以对治净颠倒。（二）受念住，又作受念处。即观于欣求乐受中反生苦之原由，并观苦、空等共相，以对治乐颠倒。（三）心念住，又作心念处。即观能求心之生灭无常，并观其共相，以对治常颠倒。（四）法念住，又作法念处。即观一切法皆依因缘而生，无有自性，并观其共相，以对治我颠倒。

②**四正断**：又作四正勤、四意断、四正胜。断，断障之义，或以精勤心断除怠慢心。四正断指：（一）断断，努力使已生之恶永断；即于所起之恶法断之又断。（二）律仪断，努力使未生之恶不生，即坚持戒律，慎守威仪，不令恶起。（三）随护断（防护断），努力使未生之善能生；即于无漏之正道随缘护念，令其生起。（四）修断，努力使已生之善增长；即能修作正道，令其生长而自然断除诸恶。以精勤行此四法能断懈怠，故称四正断。

③ **四神足**：又作四如意分、四如意足。系由欲求（欲）、心念（心）、精进（勤）、观照（观）四法之力，引发种种神用而产生三摩地（定）。（一）欲三摩地断行成就神足，由想达到神通之意欲力发起之禅定。（二）心三摩地断行成就神足，由心念力发起之禅定。（三）勤三摩地断行成就神足，由不断止恶行善力发起之禅定。（四）观三摩地断行成就神足，由思维佛理之力发起之禅定。

④ **五根**：根，即能生之意，此五根能生一切善法。（一）信根，笃信正道及助道法，则能生出一切无漏禅定解脱。（二）精进根，修于正法，无间无杂。（三）念根，乃于正法记忆不忘。（四）定根，摄心不散，一心寂定，是为定根。（五）慧根，对于诸法观照明了，是为慧根。

⑤ **五力**：力即力用，能破恶成善。（一）信力，信根增长，能破诸疑惑。（二）精进力，精进根增长，能破身心懈怠。（三）念力，念根增长，能破诸邪念，成就出世正念功德。（四）定力，定根增长，能破诸乱想，发诸禅定。（五）慧力，慧根增长，能遮止三界见思之惑。

⑥ **七等觉支**：又作七觉分、七觉意。（一）择法觉支，能拣择诸法之真伪。（二）精进觉支，修诸道法，

无有间杂。（三）喜觉支，契悟真法，心得欢喜。（四）除觉支，能断除诸见烦恼。（五）舍觉支，能舍离所见念着之境。（六）定觉支，能觉了所发之禅定。（七）念觉支，能思维所修之道法。

⑦ **八圣道支**：八种求趣涅槃之正道。乃三十七道品中，最能代表佛教之实践法门，即八种通向涅槃解脱之正确方法或途径。释尊转法轮时，所说离乐欲及苦行之二边，趣向中道者，即指八正道。八者即：（一）正见，又作谛见。即见苦是苦，集是集，灭是灭，道是道，有善恶业，有善恶业报，于此世彼世自觉自证成就。（二）正思维，又作正志、正觉或谛念。即谓无欲觉、恚觉及害觉。（三）正语，又作正言、谛语。即离妄言、两舌、恶口、绮语等。（四）正业，又作正行、谛行。即离杀生、不与取等。（五）正命，又作谛受。即舍咒术等邪命，如法求衣服、饮食、床榻、汤药等诸生活之具。（六）正精进，又作正方便、正治、谛法、谛治。发愿已生之恶法令断，未生之恶法令不起，未生之善法令生，已生之善法令增长满具。即谓能求方便精勤。（七）正念，又作谛意。即以自共相观身、受、心、法等四者。（八）正定，又作谛定。即离欲恶不善之法，成就初禅乃至四禅。

译文

成就菩提觉悟的特别的障碍是什么呢？《辩中边颂》中说：

不能正确巧妙地理解世界的本性，懈怠于断恶生善，修定中减少条件，不培植善根，行善的力量羸弱，在证见佛道时生起过失，在修习佛道时本性粗劣沉重。

本论说，三十七种觉悟方法的各自障碍是：在理解有关世界本性的四念住时，不正确巧妙；在修行四正断时，懈怠不勤；在修定四神足时，有削减条件的两种情况：一是在修习圆满的欲求、勤奋、记忆、思维时，随便减少一项，二是在修习八种断行中，随便削减一项；在能生善法的五根中，不能培植圆满顺应解脱分的殊胜善根障；在破恶成善的五力中，杂有羸弱低劣的性质障；在证见佛道的七等觉支中，有证见真理的过失；在修习佛道的八圣道支中，本性粗劣沉重（指烦恼、所知障）之过失，这些成就菩提觉悟的障碍，因为修习佛道都会显现出来。

原典

于到彼岸有别障者，颂曰：

障富贵善趣，不舍诸有情，
于失德减增，令趣入解脱，
障施等诸善，无尽亦无间，
所作善决定，受用法成熟。

论曰：此说十种波罗蜜多所得果障，以显十种波罗蜜多自性之障，谓于布施波罗蜜多说富贵自在障，于净戒波罗蜜多说善趣障，于安忍波罗蜜多说不舍有情障，于精进波罗蜜多说减过失增功德障，于静虑波罗蜜多说令所化趣入法障，于般若波罗蜜多说解脱障，于方便善巧波罗蜜多说施等善无穷尽障，由此回向无上菩提，令施等善无穷尽故，于愿波罗蜜多说一切生中善无间转障，由大愿力摄受能顺善法生故，于力波罗蜜多说所作善得决定障，由思择力及修习力能伏彼障非彼伏故，于智波罗蜜多说自他受用法成熟障，不如闻言而觉义故。

译文

在十种解脱的方法中，有什么特别的障碍呢？《辩中边颂》中说：

障碍着得到永恒的富贵和善道，障碍着不舍弃有情众生，障碍着减少过失增加功德，障碍着趋进佛法和自他解脱，障碍着布施等善法的无穷尽，障碍着善法的无间断，障碍着做出善的决定，障碍着自己与他人受用法乐。

　　本论说：上面说的是十种解脱方法的结果的障碍，它可以显示十种解脱方法自己本性上的障碍，其内容是：对布施波罗蜜多而言，若不行布施，便会成为未来富贵自在的障碍；对于持戒波罗蜜多而言，若不持净戒便会生起进入善道的障碍；对于安忍波罗蜜多而言，如果不能忍受，便会生起不舍弃有情众生的障碍；对于精进波罗蜜多而言，如果不能努力修行，便会生起减少过失增加功德的障碍；对于禅定波罗蜜多而言，如果不能静心思虑，便会生起使其教化的众生接受佛法的障碍；对于般若波罗蜜多而言，如果不能获得最高的般若智慧，便会生起解脱的障碍；对于方便善巧波罗蜜多而言，如果不能权巧方便正确巧妙地授受佛法，便会生起布施等善法无穷无尽的障碍；对于愿望波罗蜜多而言，如果没有修习的大愿，就会生起一切生中善法无有间断转灭的障碍，若有修习的大愿，便能随顺善法并使其生生不已；对于修行的力量波罗蜜多而言，如果力量羸弱，就会生起决定为善的障碍，因为思考抉择的力量和不断修行的力量能制伏任何障碍而不被制伏；对于智慧波罗蜜多而言，如果不能了知一切，便会障碍自己和他人受用法乐，还不如通过闻听得到觉悟。

原典

于地功德有别障者，颂曰：

遍行与最胜，胜流及无摄，
相续无差别，无杂染清净，
种种法无别，及不增不减，
并无分别等，四自在依义。
于斯十法界，有不染无明，
障十地功德，故说为十障。

论曰：于遍行等十法界中，有不染无知障，十地功德如次建立为十地障，谓初地中所证法界名遍行义，由通达此证得自他平等法性；第二地中所证法界名最胜义，由通达此作是思维，是故我今于同出离，一切行相应遍修治，是为勤修相应出离；第三地中所证法界名胜流义，由通达此，知所闻法是净法界最胜等流，为求此法，设有火坑量等三千大千世界，投身而取不以为难；第四地中所证法界名无摄义，由通达此乃至法爱亦皆转灭；第五地中所证法界名为相续无差别义，由通达此得十意乐平等净心。

第六地中所证法界名无杂染无清净义，由通达此知缘起法无染无净；第七地中所证法界名种种法无差别义，由通达此知法无相，不行契经等种种法相中。

第八地中所证法界名不增不减义，由通达此圆满证得无生法忍，于诸清净杂染法中不见一法有增有减，有四自在：一无分别自在，二净土自在，三智自在，四业自在；法界为此四种所依，名四自在所依止义；第八地中唯能通达初、二自在所依止义；第九地中亦能通达智自在所依义，圆满证得无碍解故；第十地中复能通达业自在所依义，随欲化作种种利乐有情事故。

译文

在菩萨成就的十地阶位，也就是十地上，有什么特别的障碍吗？《辩中边颂》中说：

遍一切所行平等，脱离法垢进入最殊胜的清净之地，获得最殊胜的佛法，对一切法无所摄受贪爱，生命相续没有三世的差别，万物没有杂染和清净的本质区别，一切法的本性没有差别，清净不会增加染污也不会减少，毕竟无相无有差别，有四种自在依止真如法界。

在这样的十地菩萨境界中，仍有不染污的无知，它障碍了成就这十地的功德，因此被称为十种障碍。

本论说：在佛法普遍平等法性等十法界中，有离开了染污的出世的无知，它使十地的功德依次确立自己的障碍。在第一地上，菩萨证得的境界叫佛法遍行，在这个境界上可以证得自己与他人的平等佛性；第二地所证得的境界叫佛法最胜，到达这一境界应有这样的思维，就是我今于三乘能得出离污垢，一切有为都应普遍地修行对治，因此需要勤奋修行出离染污相应之行；第三地所证得的法界属于最殊胜的一类，在这个境界上闻知的佛法是清净法当中最殊胜的，为了求得这最殊胜的佛法，假设有地狱之类的火坑遍布整个三千大千世界，也要把身体投入进去，勇敢追求，不怕困难；第四地证得的境界叫没有摄取，达到这一境界后，即便对于佛法的贪爱也都转走消灭了；第五地证得的境界叫生命相续没有三世的差别，达到这种境界可得十种意愿平等清净。

第六地证得的境界叫没有杂染和清净的分别，达到这种境界可以知道万法因缘而起，无所谓杂染和清净；第七地所证得的境界叫各种事理没有差别，达到这种境界可以得知所有的存在都没有自性，都是空，不再执着于佛所说经中的种种道理。

第八地证得的境界叫不增不减，达到这一圆满境界可以证得万物没有生起的道理，在清净与杂染的事物中，无所谓清净增加杂染减少。在八地以上有四种自在，随心所欲，没有任何障碍，它们一是无分别自在，指超越对事物的分别而得到的思想上的自由自在；二是净土自在，指自由出入世界，并使之清净；三是智自在，指得到没有障碍的最高智慧；四是业自在，指身、语、意三种业力的束缚，都能超离，不再是障碍。八地之上的各层境界是这四种自在的归依之处，叫作四自在所依止。第八地能得到无分别自在和净土自在，是它们的依止处；第九地能得到智自在，圆满地证悟了佛智，已无任何障碍；第十地能够贯通达到业自在，它能随心所欲化作种种利乐有情众生的事情。

原典

复一略颂曰：

已说诸烦恼，及诸所知障。
许此二尽故，一切障解脱。

论曰：由此二种摄一切障故，许此尽时一切障解脱。

前障总义有十一种：一广大障，谓具分障；二狭小障，谓一分障；三加行障，谓增盛障；四至得障，谓平等障；五殊胜障，谓取舍生死障；六正加行障，谓九烦恼障；七因障，谓于善等十能作障；八入真实际，谓觉分障；九无上净障，谓到彼岸障；十此差别趣障，谓十地障；十一摄障，谓略二障。

译文

《辩中边颂》中又总结说：

前面已经叙说了或执着于内在烦恼，或执着于所知的对象两大障碍。

假如这两类障碍灭尽了，那么一些障碍也便都得到了解脱。

本论说：这两大类的划分含摄了一切障碍，如果它们都灭尽了，那么一切障碍便都获得了解脱。

前面所说的障碍总起来说有十一种：第一是范围广大的障碍，指具分障，也就是同时具有烦恼和所知两种障碍；第二是范围狭小的障碍，指一分障，也就是专指烦恼障；第三是加行的障碍，指增盛障，也就是努力地增益加盛烦恼；第四叫至得障，指获得最终佛果的障碍，也就是平等障，贪、瞋、痴种种烦恼作用力量平等无别；第五叫殊胜障，是菩萨获得殊胜智慧的障碍，也就是取舍生死障因对生死有所取舍而成；第六叫正加行障，指前述九种烦恼不断生起形成的障碍；第七叫因障，指对于善等十种法能发生能动作用的障碍，是能生果的因；第八是进入真实境界的障碍，也就是觉悟成分中的障碍；第九叫无上净障，指到达至高无上的彼岸净土的障碍；第十叫此差别趣障，指因十种到彼岸的方法差别而形成的障碍，也就是成就诸十地的障碍；第十一叫摄障碍，简言之就是前面所说的五障、九种烦恼障、十善法的因障、觉分的真实障、十度的无上障、十地的成就差别障，总摄为二种障：一烦恼障，二所知障。

3　第三章佛法的真实

> **原典**

已辩其障，当说真实①。颂曰：

真实唯有十，谓根本与相，
无颠倒因果，及粗细真实，
极成净所行，摄受并差别，
十善巧真实，皆为除我见。

论曰：应知真实唯有十种：一根本真实，二相真实，三无颠倒真实，四因果真实，五粗细真实，六极成真实，七净所行真实，八摄受真实，九差别真实，十善巧真实。此复十种，为欲除遣十我见故。十善巧者：一蕴善巧，二界善巧，三处善巧，四缘起善巧，五处非处善巧，六根善巧，七世善巧，八谛善巧，九乘善巧，十有为无为法善巧。

注释

① **真实**：真为不妄，实称非虚。真实与虚妄相对，指事物的清净实相。

译文

已经辩明了"障"的含义，现在应当说一下什么是"真实"了。《辩中边颂》中说：

真实唯有十种，叫根本真实与相真实，无颠倒真实与因果真实，以及粗细真实，极成真实，净所行真实，摄受真实与差别真实，还有十善巧真实，十善巧真实是为了排除十种我见。

本论说：应当知道真实唯有十种：一根本真实，二相真实，三无颠倒真实，四因果真实，五粗细真实，六极成真实，七净所行真实，八摄受真实，九差别真实，十善巧真实。这里所说的十种善巧，是为了除遣十种我见。十善巧说的是：一蕴善巧，二界善巧，三处善巧，四缘起善巧，五处非处善巧，六根善巧，七世善巧，八谛善巧，九乘善巧，十有为无为法善巧。

原典

此中云何根本真实？谓三自性。一、遍计所执自性，二、依他起自性，三、圆成实自性。依此建立余真实故。于此所说三自性中，许何义为真实？颂曰：

许于三自性，唯一常非有，
一有而不真，一有无真实。

论曰：即于如是三自性中，遍计所执相常非有，唯常非有，于此性中许为真实，无颠倒故。依他起相有而不真，唯有非真，于依他起许为真实，有乱性故。圆成实相亦有非有，唯有非有，于此性中许为真实，有空性故。

译文

什么是这里说的根本真实？答案是三自性。第一，遍计所执自性；第二，依他起自性；第三，圆成实自性。其余的九种真实都是根据这三自性根本真实才得以建立。在这里所说的三自性中，设定什么意义来说明它的真实呢？《辩中边颂》中说：

我们对三自性真实的设定是，一以恒常的非有为真实，二以假有不真为真实，三以有空性为真实。

本论说：在这三自性中，遍计所执的法相是恒常地没有自性，唯其恒常地没有自性，它才在三自性中被看作是真实，这是无颠倒的正见。依他起的法相是幻有而不真，唯因其是幻有而又无实体，依他起性才被看作是真实，它是有散乱的幻有性存在的。圆成实性是亦有非有，有"无我"故名有，我无故名非有，唯其这种有其非有的相状，在三自性中被看为真实，它的有是有空性。

原典

云何相真实？颂曰：

于法数取趣，及所取能取，
有非有性中，增益损减见，
知此故不转，是名真实相。

论曰：于一切法、补特伽罗①所有增益及损减见，若知此故彼便不转，是遍计所执自性真实相。于诸所取能取法中所有增益及损减见，若知此故彼便不转，是名依他起自性真实相。于有非有所有增益及损减见，若知此故彼便不转，是名圆成实自性真实相。此于根本真实相中无颠倒故，名相真实。无颠倒真实者，谓无常、苦、空、无我性，由此治彼常等四倒。

注释

① **补特伽罗**：梵语为 pudgala。译为人、众生、数取趣、众数者。指轮回转生之主体而言。数取趣，意为数度往返五趣轮回者。乃外道十六知见之一。即"我"之异名。或单指人之意而言。佛教主张无我说，故不承认有生死主体之真实补特伽罗，但为解说权便之故，而将人假名为补特伽罗。

译文

什么是"相真实"？《辩中边颂》中说：

对于万法以及万法中的补特伽罗实我，对于所取的境以及能取的心，对于空性的有和自性的非有，所有增益或损减它们的见解，在知道了三自性真实的道理后都不再转起，这就是真实的相状。

本论说：对于一切法及其补特伽罗自性的所有增益和损减的见解，当知道三自性的道理后便不再转起，这就是遍计所执自性的真实相。对于一切所取境和能取心的所有增益和损减的想法，在知道了三自性的道理后便不再转起，这就是依他起自性的真实相。对于空性之有和实性之无的所有增益和损减的见解，在知道三自性的道理后便不再转起，就是圆成实性的真实相。它们在根本真实的相状中端正没有颠倒，因此叫"相真实"。无颠倒真实，说的是无常、苦、空、无我四性，并以此对治常、乐、我、净等四种颠倒。

原典

云何应知此无常等，依彼根本真实立耶？颂曰：

无性与生灭，垢净三无常。
所取及事相，和合苦三种。
空亦有三种，谓无异自性。
无相及异相，自相三无我。
如次四三种，依根本真实。

论曰：无常三者：一无性无常，谓遍计所执，此常无故；二生灭无常，谓依他起，有起尽故；三垢净无常，谓圆成实，位转变故。苦三种者：一所取苦，谓遍计所执，是补特伽罗法执所取故；二事相苦，谓依他起，三苦[①]相故；三和合苦，谓圆成实，苦相合故。空有三者：一无性空，谓遍计所执，此无理趣可说为有，由此非有说为空故；二异性空，谓依他起，如妄所执不如是有，非一切种性全无故；三自性空，谓圆成实，二空所显为自性故。

无我三者：一无相无我，谓遍计所执，此相本无故名无相，即此无相说为无我；二异相无我，谓依他起，此相虽有而不如彼遍计所执，故名异相，即此异相说为无我；三自相无我，谓圆实成，无我所显以为自相，即此自相说为无我。如是所说无常、苦、空、无我四种，如其次第依根本真实各分为三种，四各三种如前应知。

注释

① **三苦**：苦的三种形式。第一是苦苦，由苦事之成而生苦恼；第二是坏苦，由乐事之去而生苦恼；第三行苦，行即迁流，由一切法之迁流无常而生苦恼。

译文

为什么说"无常"等无颠倒真实是依据那根本真实确立的呢？《辩中边颂》中说：

无性无常与生灭无常，以及垢净无常构成无常的三层含义。

所取苦与事相苦，以及和合苦构成三种苦。

空也有三种，这就是无性空、异性空与自性空。

无相无我与异相无我，以及自相无我构成三种无我。

此四类无颠倒真实依次具有三层含义，都是根据根本真实得以确立。

本论说：无常真实的三种含义是说：第一，无性无常，指遍计所执法，其体性常无；第二，生灭无常，指依他起法，缘起而生，缘散而灭，不是永恒；第三，垢净无常，指圆成实法，其在众生叫有垢真如，证圣果时名清净真如，果位有凡圣的转变。苦真实的三种含义是：第一，所取苦，指遍计所执法，补特伽罗实我妄执所取为实在；第二，事相苦，指依他起法，由其而见苦苦、坏苦、行苦三种苦相；第三，和合苦，指圆成实法，其与苦相永恒和合。空真实有三种：第一，无性空，指遍计所执法，其所执着无有自性可称为有，由此无有自性而说为空；第二，异性空，指依他起法，其虚妄所执的名相异于事物的本来面目，并非没有一切存在；第三，自性空，指圆成实法，人空、法空所显即是事物的自性。

无我真实的三种含义是：第一，无相无我，指遍计所执法，其所执名相本无自性，叫作无相，由此无相而说其无我；第二，异相无我，指依他起法，其所生起的相状虽有而与那遍计所执者有异，故名异相，由此异相而说其无我；第三，自相无我，指圆成实法，以无我作为自相，由此自相说其无我。这样所说的无常、苦、空、无我等四种无颠倒，依其次第根据根本真实而各有三种含义，已经说明。

原典

因果真实，谓四圣谛，云何此依根本真实？颂曰：

苦三相已说，集亦有三种，
谓习气等起，及相未离系。
自性二不生，垢寂二三灭。
遍知及永断，证得三道谛。

论曰：苦谛有三，谓无常等四各三相，如前已说。

集谛三者：一习气集，谓遍计所执自性执习气；二等起集，谓业烦恼；三未离系集，谓未离障真如。灭谛三者：一自性灭，谓自性不生故；二二取灭，谓所取、能取二不生故；三本性灭，谓垢寂二，即择灭①及真如②。道谛三者：一遍知道，二永断道，三证得道。应知此中于遍计所执唯有遍知，于依他起有遍知及永断，于圆成实有遍知及证得，故依此三建立道谛。

注释

① **择灭**：俱舍七十五法之一，唯识百法之一。为无为法之一，涅槃之异名。即以智慧之简择力（正确之判断力）而得之灭谛涅槃。灭，乃灭除生死，而使心平和之境地；至此择灭之境界，断离烦恼系缚，永不轮回。

② **真如**：指遍布于宇宙中真实之本体；为一切万有之根源。真，真实不虚妄之意；如，不变其性之意。大乘佛教之主张，一切存在之本性为人、法二无我，乃超越所有之差别相，故称真如，例如如来法身之自性即是。

译文

"因果真实"，即四圣谛真实，为什么说它是依据根本真实而确立的呢？《辩中边颂》中说：

苦谛的三种真实相前面已经叙说，集谛的含义也有三种，这就是习气集、等起集，以及未离系集。

自性灭、二取灭，以及自性灭构成灭谛的三种含义。

遍知道与永断道，以及证得道构成了三道谛。

本论说：苦谛有三种含义，前面已说无常等四无颠倒各有三相，苦的三相也已说毕。集谛有三义：第一是习气集，指遍计所执自性妄执的习气；第二是等起集，指依他平等而起的烦恼业；第三是未离系集，指未曾舍离障染的真如。灭谛有三义：第一是自性灭，指遍计所执的自性不生起；第二是二取灭，指依他而起的所取、能取不生起；第三是本性灭，指寂灭染垢的二种本性，一离灭烦恼，二显现真如。道谛有三种含义：第一是遍知道，了知遍计所执法的无体；第二是永断道，断尽依他而起的一切假法；第三是证得道，证得人空、法空的道理。应知对于遍计所执性唯有遍知道，对于依他起性有遍知道和永断道，对于圆成实性有遍知道及证得道，因此依此三性建立道谛。

原典

粗细真实，谓世俗、胜义谛，云何此依根本真实？颂曰：

> 应知世俗谛，差别有三种，
> 谓假行显了，如次依本三。
> 胜义谛亦三，谓义得正行，
> 依本一无变，无倒二圆实。

论曰：世俗谛有三种：一假世俗，二行世俗，三显了世俗。此三世俗如其次第，依三根本真实建立。胜义谛亦三种：一义胜义，谓真如胜智之境名胜义故；二得胜义，谓涅槃，此是胜果亦义利故；三正行胜义，谓圣道，以胜法为义故。此三胜义应知但依三根本中圆成实立。此圆成实总有二种，无为、有为有差别故。无为总摄真如涅槃，无变异故，名圆成实；有为总摄一切圣道，于境无倒故，亦名圆成实。

译文

粗、细真实，分别指世俗谛和胜义谛，为什么说它是依据根本真实而确立的呢？《辩中边颂》中说：

应当知道世俗谛，它的差别有三种，假世俗、行世俗以及显了世俗，它们如次依据三根本真实而立。

胜义谛也有三种，叫义胜义、得胜义和正行胜义，它们依据三根本真实中的圆成实性，以及无颠倒圆成实性两者确立。

本论说：世俗谛有三种：第一假世俗，指遍计所执法无有实体，但有假名；第二行世俗，指依他起法迁流无常；第三显了世俗，指圆成实法显了真如实相。这三种世俗谛依其次第，依据三根本真实得以建立。胜义谛也有三种：第一是义胜义，指真如胜智所观之境是胜义；第二是得胜义，指证得的涅槃，它是胜果故名为胜，又是义利，能顺益，故名为义；第三是正行胜义，指圣道，也就是以能证得涅槃的胜法为其含义。应当了知这三种胜义只依三根本真实中的圆成实性得以确立。这个圆成实性总共有两种，一无为，一有为，有所差别。无为统摄真如涅槃，以其没有变异，称为圆成实；有为统摄一切圣道，以其于境没有颠倒，也称为圆成实。

原典

极成真实略有二种，一者世间极成真实，二者道理极成真实。云何此二依彼根本真实立耶？颂曰：

　　世极成依一，理极成依三。

　　论曰：若事世间共所安立，串习随入觉慧所取，一切世间同执此事，是地非火、色非声等，是名世间极成真实。此于根本三真实中，但依遍计所执而立。若有理义、聪叡、贤善、能寻思者，依止三量证成道理施设建立，是名道理极成真实。此依根本三真实立。

译文

　　极成真实大凡有两种，一是世间极成真实，一是道理极成真实。为什么说它们是依据根本真实而确立的呢？《辩中边颂》中说：

　　世间极成真实根据遍计所执实性确立，道理极成真实根据所有三种真实确立。

　　本论说：就事法上言，如果世间共同许可某种假名安立，无始以来众生习于随顺此名，以之解释智慧所取的事法，整个世间共同认同此事法，称之是地而不是火，或是色而不是声等，这就叫作世间极成真实。它在三根本真实中，只依遍计所执性确立。就道理上言，如果有聪叡、贤善、能寻思的有情，依据现量、比量、非量的方法证得事物的道理，并共同许可确立，这就叫道理极成真实。它依据三种根本真实确立。

原典

净所行真实亦略有二种，一烦恼障净智所行真实，二所知障净智所行真实。云何此二依彼根本真实而立？颂曰：

　　净所行有二，依一圆成实。

论曰：烦恼、所知二障净智所行真实，唯依根本三真实中圆成实立，余二非此净智境故。

译文

净所行真实也大凡有两种：一是出离烦恼障的清净智慧所修行的真实，二是出离所知障的清净智慧所修行的真实。为什么它们是依据那根本真实确立的呢？《辩中边颂》中说：

　　净智慧所修行的真实有两种，它们依据圆成实性得以确立。

本论说：要离灭执着于人我的烦恼障和执着于法我的所知障，其清净智慧所修行的真实，只依据根本三真实中的圆成实性建立，其余的二性都不是此清净智慧的根据。

原典

云何应知相、名、分别、真如、正智，摄在根本三真实耶？颂曰：

名遍计所执，相分别依他；
真如及正智，圆成实所摄。

论曰：相等五事随其所应，摄在根本三种真实，谓名摄在遍计所执，相及分别摄在依他，圆成实摄真如、正智。

译文

相、名、分别、真如、正智等五法怎样摄受于根本三真实中呢？《辩中边颂》中说：

名，摄受于遍计所执性；相与分别摄受于依他起性；真如及正智，由圆成实性所摄。

本论说：相等五法随其所对应，摄受于三种根本真实。具体是：假名由遍计所执性统摄，相状及分别由依他起性统摄，圆成实性统摄真如实性和无颠倒的正智。

原典

差别真实略有七种：一流转真实，二实相真实，三唯识真实，四安立真实，五邪行真实，六清净真实，七正行真实。云何应知此七真实依三根本真实立耶？颂曰：

流转与安立，邪行依初二；
实相唯识净，正行依后一。

论曰：流转等七随其所应，摄在根本三种真实。谓彼流转、安立、邪行，依根本中遍计所执及依他起。实相、唯识、清净、正行，依根本中圆成实立。

译文

差别真实大凡有七种：第一是流转真实，指有为法流转无常的真实性；第二是实相真实，指诸法人空、法空实相的真实性；第三是唯识真实，指万法唯识所现的真实性；第四是安立真实，指安立果报，即苦谛的真实性；第五是邪行真实，指烦恼和业，亦即集谛的真实性；第六是清净真实，指清净涅槃，亦即灭谛的真实性；第七是正行真实，指无颠倒的道谛的真实性。这七种真实是怎样依据三根本真实确立的呢？《辩中边颂》中说：

流转真实与安立真实，以及邪行真实依据遍计所执性和依他起性建立；实相真实、唯识真实和清净真实，以及正行真实，依圆成实性建立。

本论说：流转等七种真实随其所应，摄受于三种根本真实。具体是：流转、安立、邪行三种真实，根据遍计所执性和依他起性建立。实相、唯识、清净、正行四种真实，依据圆成实性建立。

原典

善巧真实谓为对治十我见故，说有十种。云何于蕴等起十我见耶？颂曰：

于蕴等我见，执一因受者，

>作者自在转，增上义及常，
>杂染清净依，观缚解者性。

论曰：于蕴等十法起十种我见：一执一性，二执因性，三执受者性，四执作者性，五执自在转性，六执增上义性，七执常性，八执染净所依性，九执观行者性，十执缚解者性。为除此见修十善巧。

云何十种善巧真实依三根本真实建立？以蕴等十无不摄在三种根本自性中故。如何摄在三自性中？颂曰：

>此所执分别，法性义在彼。

论曰：此蕴等十各有三义。且色蕴中有三义者：一所执义色，谓色之遍计所执性；二分别义色，谓色之依他起性，此中分别以为色故；三法性义色，谓色之圆成实性。如色蕴中有此三义，受等四蕴，界等九法，各有三义随应当知。如是蕴等由三义别，无不摄入彼三性中，是故当知十善巧真实，皆依根本三真实而立。

译文

善巧真实说的是对治十种妄执我为实体的边见，共有十种。什么是缘于五蕴等生起的十种我见呢？《辩中边颂》中说：

由于妄解五蕴等而生起了我见，它们是执一性、执因性、执受者性，执作者性、执自在转性，执增上义性和执常性，执杂染清净性，执观行者性和执缚解者性。

本论说：缘于五蕴等十种善法可以生起十种我见，它们是：第一执一性，即执着地认为在构成有情的五蕴中有一个不变的根身；第二执因性，就是把有情的存在，看作有一个终极的原因。第三执受者性，就是执着地认为因果报应中有一个实体作承受者。第四执作者性，就是妄执世界有一个创作者。第五执自在转性，妄执有主宰性的自在力决定事物的转变。第六执增上义性，认为事物的存在总有一特殊的增上缘在起作用。第七执常性，认为有常住的实体存在；第八执杂染清净性，认为有在染净之外决定染净的实体；第九执观行者性，认为有一个不变的"我"作为观智与修行的本体；第十执缚解者性，妄执系缚、解脱有一个"我"为主宰。为了破除这十种我见，应修十种善良巧妙的法门。

为什么说十种善巧真实是依三根本真实建立的呢？因为蕴善巧等十种真实无一不含摄在三种根本自性中。它们怎样含摄在三自性中呢？《辩中边颂》中说：

这十种善巧真实所执的含义、分别的含义，以及法性的含义都在那根本真实中。

本论说：这里的蕴善巧等十种真实各自都有三种含义。只说色蕴中所有的三义：第一，所执义，把色执着为实体，这是色的遍计所执性；第二，分别义，分别此色，了知它是众缘所生，唯识所现，这是色的依他起性，它只是虚妄分别为色，不能执着；第三，法性义，认识到色的本性是空，假名为色，是色的圆成实性。与色蕴中有这三种意思一样，受、想、行、识等四蕴，界善巧等九真实法，各各具有这三种含义相随相应。这样蕴善巧等由于这三种含义的区分，无一不含摄于三自性中，因此应知十善巧真实，都依据那根本的三种真实确立。

原典

如是虽说为欲对治十种我见故修蕴等善巧，而未说此蕴等别义。且初蕴义云何应知？颂曰：

非一及总略，分段义名蕴。

论曰：应知蕴义略有三种：一非一义，如契经言，诸所有色等，若过去若未来若现在，若内若外，若粗若细，若劣若胜，若远若近。二总略义，如契经言，如是一切略为一聚。三分段义，如契经言，说名色蕴等，各别安立色等相故。由斯聚义蕴义得成，又见世间聚义名蕴。

译文

这样我们虽然说明了为了对治十种我见才修行蕴等十种善巧真实的道理，但并未说明这蕴善巧等十种真实的各自的含义。首先且说"蕴善巧真实"的含义是什么呢？《辩中边颂》中说：

非一义、总略义，以及分段义，构成蕴的含义。

本论说：应当知道蕴善巧真实有三个意思：第一是非一义，如佛经中说，它所有的色、受、想、行、识等，有过去有未来有现在，有内有外，有粗有细，有劣有胜，有远有近，不是一种。第二是总略义，如佛经中说，它把这种种法综合凝聚为一法。第三是分段义，如佛经中说，它在这种种法聚略之一体中，区分出色、受、想、行、识的分别，并分别确立它们的相状。由这个聚的含义，蕴的意义得以成立，在世俗间我们也常常见到把聚合称作蕴。

原典

说蕴义,界义云何?颂曰:

能所取彼取,种子义名界。

论曰:能取种子义,谓眼等六内界。所取种子义,谓色等六外界。彼取种子义,谓眼识等六识界。

译文

已经说明了蕴善巧真实的含义,"界善巧真实"的意思是什么呢?《辩中边颂》中说:

能取种子、所取种子及彼取种子,它们的含义构成界善巧真实。

本论说:"能取种子",说的是有能取作用的眼、耳、鼻、舌、身、意等六内界,即六根。"所取种子",说的是色、声、香、味、触、法等六外界,即六尘。"彼取种子",说的是眼、耳、鼻、舌、身、意等六识界。(这十八界,即十八种子构成了世界的生因。)

原典

已说界义,处义云何?颂曰:

能受所了境,用门义名处。

论曰:此中能受受用门义,谓六内处。若所了境受用门义,是六外处。

译文

已经说明了界善巧真实的含义,"处善巧真实"的意思是什么呢?《辩中边颂》中说:

能受受用门、所了境受用门,它们的含义构成了处善巧真实。

本论说:这里说的能受受用门,指能使六识受用的所由之门,即六内处,亦即六根。所了境受用门,指六识所了别的境界受用的境,即六外处,也就是六尘、六境。(报应的受用者只是十二处。)

原典

已说处义,缘起义云何?颂曰:

缘起义于因,果用无增减。

论曰:于因、果、用若无增益及无损减,是缘起义。应知此中增益因者,执行等有不平等因;损减因者,执彼无因。增益果者,执有我行等缘无明等生;损减果者,执无明等无行等果。增益用者,执无明等于生行等有别作用;损减用者,执无明等于生行等全无功能。若无如是三增减执,应知彼于缘起善巧。

译文

已经解释了处善巧真实,"缘起善巧真实"的含义是什么呢?《辩中边颂》中说:

缘起义说的是,因、果、用无增减。

本论说:对于业因、业果及功用,没有增益,也没有损减,这就是"缘起善巧真实"的意义。应当知道,这里所说的增益因,是妄执"行"等有不平等的因;损减因是说,妄执某些"行"没有原因。增益果是说,妄执"行"中有实我依赖,"无明"而生;损减果是说,妄执"无明"等没有"行"等果。增益用是说,妄执"无明"对于所生起的"行"等有特别的离出其体的用;损减用是说,妄执"无明"等对于所生之"行"等全无功用。如果没有这三种增减的妄执,就应当知晓缘起善巧的道理了。

原典

已说缘起义,处非处义云何?颂曰:

于非爱爱净,俱生及胜主,
得行不自在,是处非处义。

论曰:处非处义略由七种不得自在,应知其相:一于非爱不得自在,谓由恶行虽无爱欲而堕恶趣。二于可爱不得自在,谓由妙行虽无爱欲而升善趣。三于清净不得自在,谓不断五盖不修七觉支[1],决定不能作苦边际。四于俱生不得自在,谓一世界无二如来二转轮王俱时出现。五于胜主不得自在,谓女不作转轮王等。六于证得不得自在,谓女不证独觉、无上正等菩提[2]。七于现行不得自在,谓见谛者必不现行害生等事，诸异生类容可现行。《多界经》③中广说此等，应随决了是处非处。

注释

① **七觉支**：梵文为saptabodhyaṅgāni，又称七等觉支、七遍觉支、七菩提分、七觉分等，略称七觉。是三十七道品中第六品的行法。觉，即菩提智慧。以七种法助菩提智慧产生，叫七觉支。具体内容是：一、念觉支，心中明白，口中常念。二、择法觉支，依智慧选择真法。三、精进觉支，对于正法勇猛精进。四、喜觉支，得正法而喜悦。五、轻安觉支，身心轻快安稳。六、定觉支，禅定心不乱。七、舍觉支，心无偏颇，保持平衡。在本论中，修七觉支可证得涅槃。

② **无上正等菩提**：三菩提之一，最高的菩提，又叫诸佛菩提、阿耨多罗三藐三菩提、无上菩提、大菩提等，指佛的觉悟与智能，其特征是自发菩提心，亦复教他人发菩提心，自利利他。三菩提的其他内容是独觉菩提和声闻菩提。独觉菩提又叫缘觉菩提，辟支佛菩提，自发菩提心，而不劝化众生，独得解脱。声闻菩提指由听闻佛法而生菩提心得觉悟者。本论中认为女性不能证得独觉菩提和无上正等菩提。

③《多界经》：全一卷，宋法贤译。又称《法镜经》《四品法门经》《甘露鼓经》。收于《大正藏》第十七册。将法分为界法、处法、缘生法、处非处法四类，了知者为智人，不了知者为愚人。

译文

已经说明了缘起善巧真实的道理，"处非处缘起善巧真实"说的是什么呢？《辩中边颂》中说：

于非爱、可爱、清净，俱生及胜主，证得、现行均不得自在，就是处非处善巧真实的含义。

本论说："处非处善巧真实"的含义大凡由七种不得自在构成，应当知道它们的相状。第一是"于非爱不得自在"，就是由于恶行做下了业，虽然没有爱欲，但仍然堕入恶道，遭受恶报。第二是"于可爱不得自在"，就是由于善行，虽然没有爱欲，但仍然不得不升入善道。第三是"于清净不得自在"，如果不断五盖，不修七觉支，那是注定不能超离苦海的。第四是"于俱生不得自在"，就是在同一世界没有两个如来佛或两个转轮王同时出现。第五是"于胜主不得自在"，说女性不能作转轮王等殊胜圣主。第六是"证得不得自在"，说女性不能证得独觉菩提和无上正等菩提。第七"于现行不得自在"，是说见到真谛已经解脱了的人必然不再出现害杀生灵等事，但诸凡夫还可能现行。《多界经》中广泛宣说此论，我们应随之明了"处非处善巧"的道理。

原典

如是已说处非处义，根义云何？颂曰：

根于取住续，用二净增上。

论曰：二十二根依于六事增上义立。谓于取境，眼等六根有增上义；命根于住一期相续有增上义；男女二根于续家族有增上义；于能受用善恶业果，乐等五根有增上义；于世间净，信等五根[1]有增上义；于出世净，未知等根[2]有增上义。

注释

[1] **信等五根**：指信、进、念、定、慧等五种能降伏烦恼、对生起世间清净善法有增上作用的力量。信根，即信仰三宝、四谛等善法；进根，即勇猛精进修善法；念根，指忆念善法；定根，心止于善法而不散乱；

慧根，由心得定而了知如实真理智慧。

② **未知等根**：指未知根、已知根、具知根等三种不染污、不起烦恼的无漏根，对出世间清净法的确立有增上作用，略称三根。它以意根、乐根、善根、舍根、信根、进根、念根、定根、慧根等九根为本体，根据见道、修道、无学道三位建立。未知根，又称未知当知根，未知欲知根，其九根在见道位，欲见所未曾知之四谛真理，并为此而行动。已知根，其九根在修道位，虽已了知四谛，也已断除迷理之惑，但为断除迷事之惑，进而清楚了知四谛而修行。具知根，其九根在无学道位，洞知四谛，断诸烦恼，具一切知。

译文

这样已经说明了处非处善巧的含义，"根善巧真实"的意思是什么呢？《辩中边颂》中说：

根的含义就是增上，包括取增上、住增上、续增上，以及用增上和二净增上。

本论说：根共有二十二种，它们从六个方面确立其对万物的增上义，也就是它对事物的增进帮助作用。对于摄取外境，眼、耳、鼻、舌、身、意等六根有增上义；命根对于色身一生的延续长住有增上义；男、女二根对于延续家族生命有增上义；乐、苦、喜、忧、舍五受根对于受用善恶业的果报有增上义；信、进、念、定、慧等五善根对于确立世间清净有增上义；未知、已知、具知等三无漏根对于出世间清净法有增上义。

原典

已说根义，世义云何？颂曰：

因果已未用，是世义应知。

论曰：应知因果已未受用，随其所应三世义别。谓于因果俱已受用，是过去义。若于因果俱未受用，是未来义。若已受用因，未已受用果，是现在义。

译文

已经说明了根善巧真实的含义，"世善巧真实"的意义是什么呢？《辩中边颂》中说：

因果已受用、因果未受用、因已受用而果未受用，这就是我们应知的世善巧的含义。

本论说：应当知晓因果受用与否，伴随它所相应的过去、未来、现在三世得以区别。因果都已发生受用，是"世"的过去义。因果都没有受用，是"世"的未来义。如果因已经受用，而果尚未受用，是"世"的现在义。

原典

已说世义，谛义云何？颂曰：

受及受资粮，彼所因诸行；
二寂灭对治，是谛义应知。

论曰：应知谛者即四圣谛。一苦圣谛，谓一切受及受资粮。契经中说，诸所有受皆是苦故，受资粮者，谓顺受法。二集圣谛，谓即彼苦所因诸行。三灭圣谛，谓前二种究竟寂灭。四道圣谛，谓即苦集能对治道。

译文

已经说明了世善巧真实的道理，"谛善巧真实"的含义是什么呢？《辩中边颂》中说：

受及种种感受的条件资粮，作为那些苦的原因的种种行为造作；苦、集两者的寂灭与对治，就是我们应知的谛善巧的含义。

本论说：应当知道这里所说的"谛善巧"就是四圣谛。第一是苦圣谛，指一切感受及这些感受的条件资粮，佛经中说，所有的感受都是苦，"受资粮"说的是有助于有利于诸种感受的因素。第二是集圣谛，指作为那些苦的原因的种种行业。第三是灭圣谛，指苦谛与集谛最终要归于寂灭。第四是道圣谛，即对治苦、集二谛归入涅槃的道路。

原典

已说谛义，乘义云何？颂曰：

由功德过失，及无分别智；
依他自出离，是乘义应知。

论曰：应知乘者，谓即三乘。此中如应显示其义。若从他闻涅槃功德生死过失而起此智，由斯智故得出离者，是声闻乘。不从他闻涅槃功德生死过失自起此智，由斯智故得出离者，是独觉乘。若自然起无分别智，由斯智故得出离者，名无上乘。

译文

已经说明了谛善巧真实的含义,"乘善巧真实"的意思是什么呢?《辩中边颂》中说:

从他处听闻到功德、过失的道理而生起智慧出离苦海,亦或自然生起无分别智出离苦海;亦或依他、或自己之力获得有关功德、过失的道理而生起智慧出离苦海,这就是我们应知的乘善巧真实的含义。

本论说:应当知道这里所说的"乘",即指三乘,是三种出离苦海载入涅槃的途径。这里一一说明它的含义。如果从他处听闻涅槃功德、生死过失的道理而生起智慧,并由此种智慧得以出离苦海,这是声闻乘。如果不从他处听闻到涅槃功德、生死过失的道理而自己生起智慧,并由此智得以出离苦海,叫独觉乘。如果自然地生起无分别的如来智慧,并由此智得以出离苦海,叫无上乘。

原典

已说乘义,云何有为无为法义?颂曰:

有为无为义,谓若假若因;

若相若寂静，若彼所观义。

论曰：应知此中假谓名等，因谓种子所摄藏识，相谓器、身，并受用具，及转识摄意、取、思维。意谓恒时思量性识，取谓五识，取现境故，思维即是第六意识，以能分别一切境故。如是若假若因若相，及相应法总名有为。若寂静者，谓所证灭及能证道能寂静故。彼所观义，谓即真如，是寂静道所缘境故。如是所说若诸寂静若所观义，总名无为。

译文

已经说明了乘善巧真实的含义，什么是"有为无为法善巧真实"的意思呢？《辩中边颂》中说：

有为无为善巧真实的含义是：假、因、相叫有为善巧真实；作为所证涅槃与能证道谛的寂静，以及由此寂静所观想的真如实性，叫无为善巧真实。

本论说：应知这里所说的"假"，指事物的假名等，"因"指万法种子含摄其中的藏识，即阿赖耶识，"相"包括山河大地等器世间、受报的根身，以及五欲所受用的外尘，还有第八识以外的七种转识，即第七识"意"、前五识"取"和第六识"思维"。"意"即末那识，以永恒时时思量为本性，"取"指前五识，能摄取当下之境，"思维"指第六意识，能分别一切对象。这样的假、因、相，以及它们相应的诸法，总名叫有为。"寂静"，说的是所证得的寂灭涅槃和能证得的道谛都能得到寂静。"彼所观义"，就是真如，是寂静所缘的境。像这样所说，寂静与所观义总名为"无为善巧真实"。

原典

应知此中缘蕴等十义所起正知，名蕴等善巧。

真实总义略有二种，谓即能显、所显真实。能显真实，谓即最初三种根本，能显余故。所显真实，谓后九种，是初根本所显示故。所显九者，一离增上慢所显真实；二对治颠倒所显真实；三声闻乘出离所显真实；四无上乘出离所显真实，由粗能成熟细能解脱故；五能伏他论所显真实，依喻、导理降伏他故；六显了大乘所显真实；七入一切种所知所显真实；八显不虚妄真如所显真实；九入我执事，一切秘密所显真实。

译文

应当知道这里根据蕴等十种意思所生起的正知，叫蕴等十种善巧。

真实的含义总起来有二种，叫能显真实和所显真实。能显真实，就是说最初所说的三种根本真实，它能显明其余所有的真实。所显真实，指后九种，是第一的根本真实显示的。这所显的九种真实是：第一，出离增上慢烦恼所显现的相真实；第二，对治四种颠倒所显现的无倒真实；第三，声闻乘出离烦恼后所显现的因果真实；第四，无上乘解脱后获得的粗细真实，其粗能成熟有情，细能自行解脱；第五，降伏他论后显现的极成真实，因它能用喻的导理降伏他论；第六，显了大乘佛法所证得的净所行真实；第七，入解一切种所知而显现的摄受真实；第八，阐明不虚妄的真如所显现的差别真实；第九，对治我所执法、我见后证得的善巧真实。

4 第四章 佛法的修行

> **原典**

已辩真实,今次当辩修诸对治,即修一切菩提分法。此中先应说修念住。颂曰:

以粗重爱因,我事无迷故,
为入四圣谛,修念住应知。

论曰:粗重由身而得显了,故观察此入苦圣谛。身以有粗重诸行为相故,以诸粗重即行苦性,由此圣观有漏皆苦。诸有漏受说为爱因,故观察此入集圣谛。心是我执所依缘事,故观察此入灭圣谛,怖我断灭由斯离故。观察法故,于染净法远离愚迷,入道圣谛。是故为入四圣谛理,最初说修四念住观。

译文

已经辩明了真实的含义，现在我们来辩明如何对治染法，也就是修行如何成就菩提，获得佛智。这里先要修行念住，即正念安住。《辩中边颂》中说：

因为身体粗重、感受集聚贪爱，心被我执攀援，以及法不应迷为实体的缘故；为了证入苦集灭道四圣谛，应当知道修行身、受、心、法四念住。

本论说：粗重由身体得以显现，所以通过观察身本不净可以证入苦圣谛。身体以有此粗重等特征为其相状，种种粗重就表现了它的苦性，通过观察它可以看到一切有烦恼的有漏法本性都是苦。一切有烦恼的有漏感受是贪爱产生的原因，所以观察此爱因可以证入集圣谛。心是我执所依据攀援的事相，所以观察心的无常可以证入灭圣谛，对"我"断灭的怖畏也由此离去。观察法本无自性，可以在染净等一切法中远离执着的愚迷，证入道圣谛。所以为了证得四圣谛的道理，首先要修行这四念住的慧观。

原典

念住，当说修正断。颂曰：

已遍知障治，一切种差别，

为远离修集，勤修四正断。

论曰：前修念住，已能遍知一切障治品类差别，今为远离所治障法，及为修集能对治道，于四正断精勤修习，如说已生恶、不善法为令断故，乃至广说。

译文

已经说明了修习四念住，现在该说修行四正断了。《辩中边颂》中说：

已经普遍了知粗重等障碍及其对治，以及它们的种种类别，为了远离所治的障、修集能治的道，应当勤谨修行四正断。

本论说：前段修念住，已经能使我们普遍了知一切障碍及其对治的种种品类。现在为了远离所治的障，以及为了修行集聚能对治的方法，应对于四正断精勤修习，使已生的恶、不善法永远断绝，使未生的恶法不生，使未生的善法生起，使已生的善法增长等。

原典

已说修正断,当说修神足①。颂曰:

依住堪能性,为一切事成。
灭除五过失,勤修八断行。

论曰:依前所修离集精进,心便安住,有所堪能。为胜事成修四神足,是诸所欲胜事因故。住谓心住,此即等持故,次正断说四神足。此堪能性,谓能灭除五种过失修八断行。

何者名为五种过失?颂曰:

懈怠忘圣言,及昏沉掉举,
不作行作行,是五失应知。

论曰:应知此中昏沉掉举合为一失。若为除灭昏沉掉举,不作加行,或已灭除昏沉掉举,复作加行,俱为过失。为除此五,修八断行。

云何安立彼行相耶?颂曰:

为断除懈怠,修欲勤信安,

即所依能依，及所因能果。
为除余四失，修念智思舍，
记言觉沉掉，伏行灭等流。

论曰：为灭懈怠修四断行：一欲，二正勤，三信，四轻安。如次应知，即所依等。所依谓欲，勤所依故；能依谓勤，依欲起故；所因谓信，是所依。欲生起近因，若信受彼便希望故；能果谓安，是能依勤近所生果，勤精进者得胜定故。为欲对治后四过失，如数修余四种断行：一念，二正知，三思，四舍。如次应知，即记言等。记言谓念，能不忘境，记圣言故；觉沉掉者谓即正知，由念记言，便能随觉昏沉掉举二过失故；伏行谓思，由能随觉沉掉失已，为欲伏除发起加行；灭等流者，谓彼沉掉既断灭已，心便住舍平等而流。

注释

① **神足**：此处即指四神足，梵语为catvāra-ṛddhip-ādāḥ。指由欲、勤、念、智四法之力，引发种种神用而产生之禅定。在本论中，四神足加上信、安、思、舍构成八断行，一并成为修习禅定的方法。

> 译文

已经说明了修正断，现在来说明修神足。《辩中边颂》中说：

依据心有住、堪能性，必能成就一切佛事。

它能灭除五种过失，它要勤奋修行八种断除过失的佛法。

本论说：依据前面所说的修行，远离恶道，集聚善行，精进不已，心便可以禅定安住，并有堪任承担万事的能力。为成就殊胜的佛法当修"四神足"，这是所追求的一切殊胜佛法的成就之因。"住"，指心能安住，这里指心力平等操持，要实现它，断恶集善，必须修行四神足。这里的"堪能性"，指能灭除五种过失，修八种断染的正行。

什么是所说的五种过失？《辩中边颂》中说：

懈怠于佛法、忘记佛法正理，以及心性昏沉不明掉举牵挂，或者当作不作、不当作而作，就是应知的五种过失。

本论说：应当知道这里把心性昏沉不明与心性七上八下掉举牵挂合为一种过失了。如果为了灭除心性的昏沉掉举，当作的努力不作，或者已经灭除了昏沉掉举，而又作努力，这都是过失。为了灭除这五种过失，要修八断行。

什么是八断行的内容呢？《辩中边颂》中说：

为了断除懈怠的过失，要修行欲、勤、信、安四种断行，它们分别是所依、能依，以及所因、能果。

为了灭除其余的四种过失，要修行念、智、思、舍，它们分别是记言、觉沉掉，以及伏行、灭等流。

本论说：为了灭除懈怠的过失，应修四种断行：第一是"欲"，指对佛法的欲求；第二是"正勤"，指端正勤勇修定；第三是"信"，指对佛法的信仰；第四是"安"，指心灵轻快安定，依其次序，它们分别是所依、能依、所因和能果。所依指欲求，它是勤勇精进修定的依据；能依指勤勇，它是由对佛法的欲求引起的；所因指信仰，它是作为所依的欲求生起的近因，只有信仰接受佛法才会生起对佛法的希望；能果指心灵轻快安定，它是作为能依的勤勇修定所产生的近果，勤于精进修行的人获得殊胜的禅定。为了对治后四种过失，如次修四种断行：第一是"念"，指念佛不忘；第二是"智"，指佛法正确的智慧；第三是"思"，指思考觉察心性昏沉掉举，而努力修行；第四是"舍"，指舍其妄行。依照次序，它们分别是记言、觉沉掉、伏行和灭等流。记言指念，能不忘佛法，牢记佛法正理；觉沉掉指正智，因为常念不忘佛法，便能够随时察觉昏沉掉举二种过失；伏行指思察，由其随时觉察心性昏沉掉举的过失，而能为了制伏除灭此过失发起努力；灭等流指心性的沉掉断灭后，心便安住舍弃不安平等而流。

原典

已说修神足，当说修五根。所修五根云何安立？颂曰：

已种顺解脱，复修五增上，
谓欲行不忘，不散乱思择。

论曰：由四神足心有堪能，顺解脱分，善根满已。复应修习五种增上：一欲增上，二加行增上，三不忘境增上，四不散乱增上，五思择增上。此五如次第即信等五根。

已说修五根，当说修五力。何者五力？次第云何？颂曰：

即损障名力，因果立次第。

论曰：即前所说信等五根，有胜势用复说为力，谓能伏灭不信障等，亦不为彼所陵杂故。此五次第依因果立，以依前因引后果故。谓若决定信有因果，为得此果发勤精进；勤精进已便住正念，住正念已心则得定；心得定已能如实知，即如实知无事不办。故此次第依因果立。

如前所说，顺解脱分既圆满已，复修五根。何位修习顺决择分，为五根位五力位耶？颂曰：

顺决择二二，在五根五力。

论曰：顺决择分中，暖、顶①二种在五根位，忍、世第一②法在五力位。

注释

① **暖、顶**：四善根位之二。暖位，以光明之暖性为喻，可烧除烦恼，接近见道的无漏慧，先有漏之善根。顶位，善根中之最上位，不进则退，但善根永不断。在本论中，暖、顶两善根位属于五根。

② **忍、世第一**：四善根之二。忍位，指确认四谛之理，善根已定，不再动摇之位，不再堕落恶趣。世第一位，世间法中能生最上善根的分位，于一刹那间见道，是最胜位。在本论中，忍、世第一善根属于五力。

译文

已经说明了修四神足，现在来说修五根。所修的五根是怎样确立的呢？《辩中边颂》中说：

已经修习了随顺解脱分位的善法，现在又要修五种能使善法增盛的种根，它们是欲、行、不忘，还有不散乱与思择。

本论说：由修行四神足而心有堪任万法的能力，随顺解脱的分位，不堕惑道，善根具足充满。在此基础上应继续修行五种增上，即五种能使善法增盛的种根，它们是：第一，"欲"的增上；第二，"加行"的增上；第三，"不忘境"的增上；第四，"不散乱"的增上；第五，"思择"的增上。这五法的增上的内容依次是信、精进、念、定、慧，此即五根。（因信而起修行之欲，故信为欲的增上根；因精进而起加功修行，故精进为行的增上根；因念而不忘佛法，故念为不忘的增上根；因禅定而心不散乱，故定为不散乱的增上根；因佛慧而起思维抉择，故慧为思择的增上根。）

已经说明了修五根，再说修五力。什么是五力？五力次第是什么？《辩中边颂》中说：

能够损减障覆就叫力，五力的次第是因果相续。

本论说：前面所说的信、进、念、定、慧等五根，其殊胜的势用就被称作"力"，它能制伏灭除不信、不行等魔障，也不会为魔障所凌乱搀杂。这五种力依因果关系立其次第，依据前因引发后果。说如果确定了信有因果，为了得到信因之果便发愿勤于精进，勤于精进便导致安住正念，正念安住则心必安定，心得安定就能如实了知万法，既然能如实了知那也就获得了无事不办的慧。所以五力的次第依据因果而立。

如前面所说，顺解脱分位圆满之后，才修五根。在什么位上修习顺抉择分，五根与五力如何确立其位呢？《辩中边颂》中说：

顺抉择分为暖、顶两位和忍、世第一两位，它们分别属于五根与五力。

本论说：在顺抉择分中，暖、顶两者在五根位，忍、世第一两者在五力位。

原典

已说修五力，当说修觉支。所修觉支云何安立？颂曰：

觉支略有五，谓所依自性，
出离并利益，及三无染支。

论曰：此支助觉故名觉支。由此觉支位在见道，广有七种，略为五支：一觉所依支，谓念；二觉自性支，谓择法；三觉出离支，谓精进；四觉利益支，谓喜；五觉无染支，此复三种，谓安、定、舍。

何故复说无染为三？颂曰：

由因缘所依，自性义差别，
故轻安定舍，说为无染支。

论曰：轻安即是无染因缘，粗重为因生诸杂染，轻安是彼近对治故，所依谓定，自性即舍故。此无染义差别有三。

译文

已经说明了修五力，现在来说修觉支。所修觉支确立的依据是什么呢？《辩中边颂》中说：

觉支大凡有五类，这就是觉所依支、觉自性支，觉出离支、觉利益支，以及三种无染觉支。

本论说：这几种分位帮助觉悟，所以叫觉支。此觉支的分位在见道位，觉悟它们便成圣果，广义上说有七支，略可分为五类：第一，觉所依支，即指念，正念佛法不断，是觉悟的所依；第二，觉自性支，指择法，思择善法是觉悟的自性；第三，觉出离支，指精进，精进而出离烦恼，觉悟见道；第四，觉利益支，指喜，觉悟见道是大利益生欢喜；第五，觉无染支，这又分为三种，就是觉悟到无染之境的安、定、舍。

为什么要说无染有三种呢？《辩中边颂》中说：

根据无染的因缘、所依，以及自性的含义差别，我们把轻安、定、舍，说为三种无染支。

本论说：轻安就是无染的因缘，粗重是生起诸种杂染的原因，轻安是粗重的直接对治。无染的所依就是定，平等任持，没有沉掉。无染的自性是舍，指舍去缠着，显露真性。这里无染的含义便分别为这三种。

原典

说修觉支已，当说修道支。所修道支云何安立？颂曰：

分别及诲示，令他信有三，
对治障亦三，故道支成八。

论曰：于修道位建立道支，故此道支广八略四：一分别支，谓正见，此虽是世间而出世后得，由能分别见道位中自所证故。二诲示他支，谓正思维、正语一分等起，发言诲示他故。三令他信支，此有三种，谓正语、正业、正命。四对治障支，亦有三种，谓正精进、正念、正定。由此道支略四广八，何缘后二各分为三？颂曰：

表见戒远离，令他深信受。
对治本随惑，及自在障故。

论曰：正语等三如次表已，见、戒、远离令他信受。谓由正语论议决择，令他信知已有胜慧；由正业故不作邪业，令他信知已有净戒；由正命故，应量应时如法乞求衣钵等物，令他信已有胜远离。正精进等三如次，对治本、随二烦恼及自在障。此所对治略有三种：一根本烦恼，谓修所断；二随烦恼，谓昏沉掉举；三自在障，谓障所引胜品功德。此中正精进别能对治，初为对治彼勤修道故；正念别能对治，第二系念安住止等相中，远离昏沉及掉举故；正定别能对治。第三依胜静虑，速能引发诸神通等胜功德故。

译文

说明了修觉支，现在来说修道支。所修道支是怎样安立的？《辩中边颂》中说：

分别支及诲示支，三种令他信支，三种对治障支，它们构成了八道支。

本论说：在修道位上建立道支，此道支有八种，可概括为四类：第一是"分别支"，就是正见，它虽在世间，但本质是出世后才获得的根本真理，这种正见能分别见道位中所证得的种种真理。第二是"诲示他支"，指无邪念的正思维和无虚妄的正语等兴起，发言教诲启示他人，化导众生。第三是"令他信支"，共有三种，就是正语、正业、正命。第四是"对治障支"，也有三种，即正精进、正念、正定。因为道支略说有四，详说有八，什么原因使后两类各分为三种呢？《辩中边颂》中说：

表现出见、戒和远离三种道支，令他人深入地信仰接受佛法。

对治根本烦恼、随烦恼，以及自在障，构成了对治障的三支。

本论说：正语、正业、正命等三支已如次表诠，相应的见、戒、远离能令他人信受。由正语论议抉择万法，可令他人信仰了知确有胜慧真见；行清净正业不作邪业，可令他人信仰了知确有清净戒行；由正命的存在，知道要在应得的数量、应得的时间，根据佛法，乞求衣食等物，可令他人确信已有殊胜的远离染污的正当的生命形式。正精进、正念和正定等三种正道依次对治根本烦恼、随烦恼和自在障。它所对治的三种障是：第一根本烦恼，就是修行所要断灭的俱生而有的烦恼；第二随烦恼，指心的昏沉不明和掉举不安；第三自在障，指障碍殊胜善果的已有的功德。在这里正精进有特别的对治，首先它为对治根本烦恼而勤于修道；正念有特别的对治，它能系念安住于正等相中，远离心性的昏沉不明和掉举牵挂；正定有特别的对治，它能依据殊胜的静心思虑，迅速地引发诸种神通等殊胜功德。

原典

修治差别云何应知？颂曰：

有倒顺无倒，无倒有倒随，
无倒无倒随，是修治差别。

论曰：此修对治略有三种：一有颠倒顺无颠倒，二无颠倒有颠倒随，三无颠倒无颠倒随。

如是三种修治差别，如次在异生、有学、无学位。

译文

修行对治的差别是怎样的呢？《辩中边颂》中说：

有颠倒随顺着无颠倒，无颠倒由有颠倒顺随，无颠倒由无颠倒顺随，这就是凡圣修行对治的三种差别。

本论说，修行对治约略可分为三种：第一，有颠倒顺随着无颠倒，即有颠倒妄念的凡夫趣入无颠倒的正行；第二，无颠倒由有颠倒顺随，指见道后已能依无颠倒的智慧修行，但仍有有漏法，仍有颠倒，仍要学习；第三，无颠倒由无颠倒顺随，指到佛位之后，无倒慧遍行。

这样三种修行对治的差别，依次对应着异生位（即异于圣人的凡夫生类）、有学位（即已知见佛法，但有烦恼未断，仍有待于学者）和无学位（即已达佛理之极致，无可学者）。

原典

菩萨二乘所修对治有差别相云何应知？颂曰：

菩萨所修习，由所缘作意，
证得殊胜故，与二乘差别。

论曰：声闻、独觉以自相续身等为境而修对治，菩萨通以自他相续身等为境而修对治；声闻、独觉于身等境，以无常等行相思维而修对治，若诸菩萨于身等境，以无所得行相思维而修对治；声闻、独觉修念住等，但为身等速得离系，若诸菩萨修念住等，不为身等速得离系，但为证得无住涅槃。菩萨与二乘所修对治，由此三缘故而有差别。

译文

菩萨与声闻乘、独觉乘所修对治有什么差别呢？《辩中边颂》中说：

菩萨所修习的对治，因所缘殊胜、作意殊胜和证得殊胜，而与声闻、独觉二乘差异。

本论说：声闻乘与独觉乘以自己相续不绝身等为

境,而修对治,菩萨则通常以自己与他人相续不断身等为境,而修对治;声闻乘与独觉乘对于身等境,只以无常等智有所得行相,而修对治,诸菩萨对于身等境,则以空、无所得智行相,以此而修对治;声闻乘与独觉乘修四念住等,只为自身迅速出离系缚,而菩萨修四念住等,不为自身速得出离系缚,只为证得最高的无住涅槃。菩萨与三乘所修的对治,由此三种理由而得以显现差别。

原典

修对治总义者,谓开觉修、损减修、莹饰修、发上修、邻近修(谓邻近见道故)、证入修、增胜修、初位修、中位修、后位修,有上修、无上修谓所缘、作意至得殊胜。

译文

修对治一章所说的总的思想包括:开觉修,指创开觉慧,即四念住;损减修,指损减恶法使善法生,即四正断;莹饰修,指磨莹修饰已所生善,即四胜足;发上修,指发挥增上势用者,即五根;邻近修,圣道相邻得以见道，即五力，证入修，指初证无漏法而入圣，即七觉支；增胜修，已经入圣为增功德而修，即八道支。还有，初位修，指异生位；中位修，指有学位；后位修，即无学位。还根据所缘、作意、证得殊胜的差别分为有上修、无上修。有上修者，指声闻乘与独觉乘的修行；无上修，指菩萨的修行，所缘殊胜、作意殊胜、证得殊胜。

5　第五章 修行的阶段

原典

已说修对治，修分位云何？颂曰：

所说修对治，分位有十八，
谓因入行果，作无作殊胜。
上无上解行，入出离记说，
灌顶及证得，胜利成所作。

论曰：如前所说修诸对治，差别分位有十八种：一因位，谓住种性补特伽罗；二入位，谓已发心；三加行位，谓发心已未得果证；四果位，谓已得果；五有所作位，谓住有学；六无所作位，谓住无学；七殊胜位，谓已成就诸神通等殊胜功德；八有上位，谓超声闻等已入菩萨地；九无上位，谓已成佛，从此以上无胜位故；十胜解行位，谓胜解行地一切菩萨；十一证入位，谓极喜地；十二出离位，谓次六地；十三受记位，谓第八地；十四辩说位，谓第九地；十五灌顶位，谓第十地；十六证得位，谓佛法身；十七胜利位，谓受用身；十八成所作位，谓变化身。

译文

已经说明了修行对治，什么是修行所经的阶段分位呢？《辩中边颂》中说：

前面所说的修行的对治，共有十八种分位，它们是因位、入位、加行位、果位，有所作位、无所作位、殊胜位，有上位、无上位、胜解行位，证入位、出离位、受记位、辩说位，灌顶位及证得位，胜利位、成所作位。

本论说：如前面所说的所修对治，其差别分位有十八种。第一是因位，即种性位，指补特伽罗自性种子未曾现行。第二是入位，指已发作佛的心。第三是加行位，指发心之后，加功而行但尚未得果。第四是果位，已经得果。第五是有所作位，指已得佛理但仍有可学的分位。第六是无所作位，指已无所学的分位。第七是殊胜位，指已成就诸种神通等殊胜功德的分位。第八是有上位，指超出声闻、缘觉二乘，已入菩萨地，但其上仍有佛的分位。第九是无上位，指已成就佛果之位，在此以上无有更殊胜之位。第十是胜解行位，指入于菩萨十地之前的，以智慧思维而行善的分位。第十一是证入位，指证入菩萨十地之第一地——极欢喜地。第十二是出离位，指菩萨十地之第二地到第七地，依次是：离垢地、明地、焰慧地、难胜地、现前地、远行地。第十三是受记位，指菩萨十地之第八地，不动地，永不为烦恼所动。第十四是辩说位，指菩萨十地之第九地，善慧地，得无碍辩才，善辩法要。第十五是灌顶位，指菩萨十地中之第十地，法云地，如来已为之灌顶。第十六是证得位，指证得佛的法身。第十七是胜利位，证得佛的报身，受用佛的胜利果。第十八是成所作位，指佛的变化身，成就普度众生之事。

原典

此诸分位差别虽多，应知略说但有三种。其三者何？颂曰：

应知法界中，略有三分位：
不净净不净，清净随所应。

论曰：于真法界位略有三，随其所应摄前诸位。一不净位，谓从因位乃至加行；二净不净位，谓有学位；三清净位，谓无学位。

云何应知依前诸位差别建立补特伽罗？颂曰：

依前诸位中，所有差别相，
随所应建立，诸补特伽罗。

论曰：应知依前诸位别相，如应建立补特伽罗，谓此住种性，此已发心等。

译文

这里各种分位的差异虽然很多，但应知大致可分为三种。这三种是什么呢？《辩中边颂》中说：

应知在法界中，大略有三种分位：
不净位、净不净位、清净位，它们各自随其所应。

本论说：在真法界中略有三种分位，随其所应含摄前面诸位。第一是不净位，指从因位到加行位，是凡夫的烦恼位。第二是净不净位，指有学位，即净中还有不净，还要学习。第三是清净位，指无所学之位，已完全清净。

为什么说依据前面的诸种分位差别可建立补特伽罗自性呢？《辩中边颂》中说：

依据前面所说的分位，所有的可区别的相状，随其建立所相应的依据，是种种补特伽罗。

本论说：应当知道依据前面诸分位的差别相，可相应地建立补特伽罗的自性"我"，如前面所说的住种性、发心等等。

原典

修分位总义者，谓堪能位，即种性位；发趣位，即入加行位；不净位；净不净位；清净位；有庄严位；遍满位，谓遍满十地故；无上位。

译文

修分位一章总的意思可以概括为：堪能位，指种性位；发趣位，指入加行位；不净位，指头三分位；净不净位，指作位；清净位，指无作位；有庄严位，指殊胜位；遍满位，指遍满十地的分位；无上位，指佛位。

6　第六章修行的果报

原典

已辩修位，得果云何？颂曰：

器说为异熟，力是彼增上，
爱乐增长净，如次即五果。

论曰：器谓随顺善法异熟；力谓由彼器增上力，令诸善法成上品性；爱乐谓先世数修善力，今世于善法深生爱乐；增长谓现在数修善力，令所修善根速得圆满；净谓障断得永离系。此五如次即是五果：一异熟果，二增上果，三等流果，四士用果，五离系果。

译文

已经说明了修行的分位,修行所得的果又是什么呢?《辩中边颂》中说:

依身器而说有异熟果,力是彼身器的增上果,爱乐、增长、净也分别成就其果,这样便构成了五果。

本论说:身器指随顺善法的异熟业报;力是由身器的增上善力,有增盛的势用,使诸种善法成就上品性;爱乐指先世勤谨修善,今世于善法生起深厚的爱乐;增长指现在勤谨修行善力,使得所修的善根迅速得以圆满;净指覆障断灭,永远远离烦恼系缚。这五法依次形成五果:第一,异熟果,指性质异于其因的果;第二,增上果,起增益助盛作用的果;第三,等流果,于其因平等而流的果;第四,士用果,如同士夫(男子)的力用有结果一样,指由善力作用所成之果;第五,离系果,指远离烦恼系缚的清净果。

原典

复次,颂曰:

复略说余果,后后初数习,

究竟顺障灭，离胜上无上。

论曰：略说余果差别有十：一后后果，谓因种性得发心果，如是等果辗转应知；二最初果，谓最初证出世间法；三数习果，谓从此后诸有学位；四究竟果，谓无学法；五随顺果，谓因渐次应知，即是后后果摄；六障灭果，谓能断道，即最初果，能灭障故说为障灭；七离系果，谓即数习及究竟果，学、无学位如次，远离烦恼系故；八殊胜果，谓神通等殊胜功德；九有上果，谓菩萨地，超出余乘，未成佛故；十无上果，谓如来地，此上更无余胜法故。此中所说后六种果，即究竟等前四差别。如是诸果但是略说，若广说即无量。

译文

复次，《辩中边颂》中说：

再约略说明其余诸果，有后后果、最初果、数习果，究竟果、随顺果、障灭果，离系果、殊胜果、有上果和无上果。

本论说：约略地说，其余的果可分为十种：第一，后后果，指十八位中以"种性"为因，得"发心"之果，如此辗转相望，前因后果；第二，最初果，指十八位中第四位，最初证得出世间法；第三，数习果，指十八位中第五位，有所学位；第四，究竟果，指十八位中第六位，无所学位；第五，随顺果，因渐次生起，随前因而得后果，与后后果的意思相同；第六，障灭果，指能断灭惑道，得最初出世间果，能灭除障碍所以称为障灭；第七，离系果，指有学的数习果和无学的究竟果，远离烦恼系缚；第八，殊胜果，指有神通等殊胜功德；第九，有上果，指菩萨地，超出声闻、独觉二乘，但尚未成佛；第十，无上果，指如来果，其上已没有更殊胜的果位。这里所说的后六种果，也就是对究竟果等前四果的殊胜差别，离前四便无体。这样分析诸果，只是约略而说，若是仔细论来，其量不可计数。

原典

果总义者，谓摄受故、差别故，宿习故、后后引发故，标故、释故。此中摄受者，谓五果；差别者，谓余果。宿习者，谓异熟果；后后引发者，谓余四果。标者，谓后后等四果；释者，谓随顺等六果，分别前四果故。

译文

辩果一章所说的总的含义，可以概括为摄受、差别，宿习、后后引发，标、释。这里所说的摄受，指五果，由修治因而感得果，将果摄属于己而领受之；差别，指余果，与五果有差别。宿习，指异熟果，宿业修习所得的果；后后引发，指五果中其余的四果，前前因能引后后果。标，指十余果中后后果等头四果；释，指十余果中随顺果等后六果，是前四果的分别。

7 第七章 最终的觉悟

原典

已辩得果,无上乘①今当说。颂曰:

总由三无上,说为无上乘。
谓正行所缘,及修证无上。

论曰:此大乘中总由三种无上义,故名无上乘。三无上者:一正行无上,二所缘无上,三修证无上。

注释

① 无上乘:乘,原意为运载,此处指佛陀的教法,

能运载众生出离烦恼世间，抵达清净彼岸。无上乘即最殊胜无上的教法，是专对三乘中的大乘，即菩萨乘而讲的。在本论中，前六品所讲虽侧重菩萨乘，但也兼声闻乘与独觉乘，而本品专讲大乘无上的菩萨乘教理。

译文

已经辩明了得果，现在当说无上乘。《辩中边颂》中说：

总共有三种无上，称为无上乘。

这就是正行无上、所缘无上，以及修证无上。

本论说：在菩萨乘中总共有三种无上的含义，所以叫无上乘。三种无上的内容是：第一，正行无上；第二，所缘无上；第三，修证无上。

第一节 最高的修行

原典

此中正行无上[①]者，谓十波罗蜜多[②]行。此正行相云何应知？颂曰：

正行有六种，谓最胜作意，
随法离二边，差别无差别。

论曰：即于十种波罗蜜多，随修差别有六正行：一最胜正行，二作意正行，三随法正行，四离二边正行，五差别正行，六无差别正行。

注释

① **正行无上**：正行，梵文为 samyak-pratipatti，指不邪曲之行，也就是以佛之教化为准绳的正确的行为。正行无上即在佛果位的至高无上的正确行为。在本论中，它的内容是十波罗蜜多行，它的相状共为六种。

② **十波罗蜜多**：梵文为 daśa-pāramitā，指菩萨到达涅槃所必需的十种胜行，又译作十胜行、十度、十到彼岸等。具体内容下面有详解。

译文

这里所说的正行无上，指十波罗蜜多行，也就是十种到彼岸的胜行。正行的相状是什么呢？《辩中边颂》中说：

正行无上共有六种，指最胜正行、作意正行，随法正行、离二边正行，差别正行和无差别正行。

本论说：就在十种波罗蜜多中，随着修行的差别有六类正行：第一，最胜正行；第二，作意正行；第三，随法正行；第四，离二边正行；第五，差别正行；第六，无差别正行。

原典

胜正行其相云何？颂曰：

最胜有十二，谓广大长时，
依处及无尽，无间无难性，
自在摄发起，得等流究竟。
由斯说十度，名波罗蜜多。

论曰：最胜正行有十二种：一广大最胜，二长时最胜，三依处最胜，四无尽最胜，五无间最胜，六无难最胜，七自在最胜，八摄受最胜，九发起最胜，十至得最胜，十一等流最胜，十二究竟最胜。

此中广大最胜者，终不欣乐一切世间富乐自在，志高远故；长时最胜者，三无数劫[1]熏习成故；依处最胜者，普为利乐一切有情为依处故；无尽最胜者，回向无上正等菩提无穷尽故；无间最胜者，由得自他平等胜解，于诸有情发起施等波罗蜜多速圆满故；无难最胜者，于他有情所修善法，但深随喜，令自施等波罗蜜多速圆满故；自在最胜者，由虚空藏等三摩地[2]力，令所修施等速圆满故；摄受最胜者，无分别智之所摄受，能令施等极清净故；发起最胜者，在胜解行地[3]最上品忍中；至得最胜者，在极喜地；等流最胜者，在次八地；究竟最胜者，在第十地及佛地中，菩萨如来因果满故。由施等十波罗蜜多，皆有如斯十二最胜，是故皆得到彼岸名。

注释

① **三无数劫**：指菩萨修行至佛位所经历的时间，又称为三大阿僧祇劫、三劫阿僧企耶、三阿僧企耶、三僧祇、三无数大劫、三劫等。阿僧祇的意思是无数，劫是表示极长的时间单位，有大、中、小之别。三无数劫，指三度之阿僧祇大劫。

② **三摩地**：七十五法之一，百法之一。又作三昧、三摩提、三摩帝。意译为等持、正定、定意、调直定、正心行处。即远离昏沉掉举，心专注一境之精神作用。

③ **胜解行地**：梵语为 adhimukti-caryā-bhūmi，又叫解行地、解行住。为菩萨修行阶位之一，十地之一，十二住之一。指以解而修行，未证真如之地前菩萨的阶位，有十住、十行、十回向。也就是在证入佛初地之前，由思维力方便而习得的根位。

译文

最胜正行的相状是什么呢？《辩中边颂》中说：

最胜正行共有十二种，它们是广大最胜、长时最胜、依处最胜及无尽最胜、无间最胜、无难最胜、自在最胜、摄受最胜、发起最胜、至得最胜、等流最胜、究竟最胜。

由此十二种殊胜而说十度，为波罗蜜多。

本论说：最胜正行有十二种：一广大最胜，二长时最胜，三依处最胜，四无尽最胜，五无间最胜，六无难最胜，七自在最胜，八摄受最胜，九发起最胜，十至得最胜，十一等流最胜，十二究竟最胜。

这里所说的广大最胜，指始终不欣喜不乐求一切世间的富贵、快乐和三乘的解脱自在，志向崇高广远；长时最胜，指修行历经极长的三无数劫熏习而成；依处最胜，指菩萨发心以普遍地利乐一切有情为其目标所在；

无尽最胜，指菩萨的功德回向至高的无上正等菩提，没有穷尽；无间最胜，指已证得自他毕竟平等的殊胜慧解，对诸种有情起发施等波罗蜜多胜行，迅速而圆满；无难最胜，指对于其他有情所修习的善法，唯生起深厚的随喜之心，这样便使自己所修行的布施等波罗蜜多胜行迅速圆满成就，没有困难；自在最胜，指以虚空藏菩萨的定力，使所修的布施等胜行迅速圆满；摄受最胜，指修行为无分别智所摄纳收受，能使施等胜行最为清净；发起最胜，指在胜解行地的最上品忍中发起佛智，发起点最殊胜；至得最胜，指证入初极喜地后，功德永不退失，所得最为殊胜；等流最胜，指初地之后的第二至第九地间，功德同等而流；究竟最胜，指在菩萨的第十地法云地及其上的佛地中，菩萨与佛因果圆满无缺，最终的结果最为殊胜。布施等十种波罗蜜多，都具有这十二种最胜的相状，因此而得有"到彼岸"的称名。

原典

何等名为十到彼岸？颂曰：

> 十波罗蜜多，谓施戒安忍，
> 精进定般若，方便愿力智。

论曰：此显施等十度别名。施等云何各别作业？颂曰：

饶益不害受，增德能入脱，
无尽常起定，受用成熟他。

论曰：此显施等十到彼岸各别事业。如次应知，谓诸菩萨由布施波罗蜜多故，于诸有情普能饶益；由净戒波罗蜜多故，于诸有情不为损害；由安忍波罗蜜多，故他损害时深能忍受；由精进波罗蜜多故，增长功德；由静虑波罗蜜多故，起神通等，能引有情令入正法；由般若波罗蜜多故，能正教授教诫有情令得解脱；由方便善巧波罗蜜多故，回向无上正等菩提，能令施等功德无尽；由愿波罗蜜多故，摄受随顺施等胜生①，一切生中恒得值佛②，恭敬供养常起施等；由力波罗蜜多故，具足思择修习，二力伏灭诸障，能令施等常决定转；由智波罗蜜多故，离如闻言诸法迷谬，受用施等增上法乐，无倒成熟一切有情。

注释

① **胜生**：菩萨五种受生之一。菩萨凭其愿力、自

在力而有五种受生,即息苦生、随类生、胜生、增上生、最后生。胜生就是指菩萨虽示现受生,但在寿命、色力等果报上,胜于一切天、人众生。

② **值佛**:即遇佛。因遇值佛陀出世为稀有难得之事,佛教中故有"值佛难"一语。

译文

什么是十种"到彼岸"的胜行呢?《辩中边颂》中说:

十波罗蜜多,指布施、持戒、安忍,精进、禅定、般若,方便、愿、力和智。

本论说:这是说明了布施等十度的各自的名称。布施等各自的作用功能是什么呢?《辩中边颂》中说:

饶益有情、不害有情、忍受伤害、增长功德、能引有情得入正法和得证解脱,使功德无尽、使功德常起、恒决定向善,受用佛智并成熟有情的善种。

本论说:这里显明了布施等十种到彼岸的各自独特的功能。依次而知,诸菩萨凭由布施波罗蜜多正行,能普遍地饶益一切有情;菩萨凭其清净持戒波罗蜜多正行,对于一切有情无有损害;菩萨凭由安忍波罗蜜多正行,在他人损害自己时能深深地忍受;菩萨凭由精进波罗蜜多正行,能不断增长功德;菩萨因有禅定静虑波罗蜜多正行,而能生起神通,引导有情进入正法;菩萨凭由般若波罗蜜多,能正确地教导诫劝有情使其获得解脱;由修行上的方便善巧波罗蜜多正行,使所修的布施等功德回向无上正等菩提,并永无穷尽;菩萨凭其发大誓愿波罗蜜多正行,摄纳承受随顺布施等功德而得以殊胜地受生,在一切生中都可遇佛,并对佛恭敬供养,恒常生起布施等正行;菩萨凭由决定力波罗蜜多正行,具足思维抉择力及修习力,这两种力能制伏灭除一切覆障,能使布施等正行能恒常地得到决定生起;由无分别智波罗蜜多正行,菩萨远离如所听闻的诸法的迷昏荒谬,而受用布施等功德所增盛的修法之乐,并以此无颠倒地使一切有情的佛种成熟。

原典

如是已说最胜正行,作意正行其相云何?颂曰:

菩萨以三慧,恒思维大乘,
如所施设法,名作意正行。

论曰:若诸菩萨以闻、思、修所成妙慧,数数作意思维大乘,依布施等,如所施设契经等法,如是名为作意正行。

此诸菩萨以三妙慧思维大乘有何功德?颂曰:

此增长善界,入义及事成。

论曰:闻所成慧思维大乘,能令善根界得增长;思所成慧思维大乘,能正悟入所闻实义;修所成慧思维大乘,能令所求事业成满,谓能趣入修治地故。

译文

如上已经说明了最胜正行,作意正行的相状是什么呢?《辩中边颂》中说:

菩萨以闻、思、修所成就的三慧,恒常地思维大乘佛法,一如布施等德行所确立施设的经教,这就叫作作意正行。

本论说:像诸菩萨根据闻听、思维、修行所成就的妙慧,恒常生起意趣思维大乘佛理,依据布施等正行,一如布施等行所施设的佛经教法,这样叫作"作意正行"。

在这里诸菩萨以三妙慧思维大乘佛法,有什么功德呢？《辩中边颂》中说：

它们分别能增长善的种子，悟入所闻正义及圆满成就事业。

本论说：以听闻所成就的智慧思维大乘佛理，能使善根的种子得以增长；以思维所成就的智慧思维大乘佛理，能正确地悟入所听闻的真实法义；以修行所成就的智慧思维大乘，能使所追求的事业成就圆满，也就是能进入所修治的十地佛地。

原典

作意正行有何助伴？颂曰：

此助伴应知，即十种法行。

论曰：应知如是作意正行，由十法行之所摄受。何等名为十种法行？颂曰：

谓书写供养，施他听披读，
受持正开演，讽诵及思修。

论曰：于此大乘有十法行：一书写，二供养，三施他，四若他诵读专心谛听，五自披读，六受持，七正为他开演文义，八讽诵，九思维，十修习行。

十法行获几所福？颂曰：

行十法行者，获福聚无量。

论曰：修行如是十种法行，所获福聚其量无边。何故但于大乘经等说修法行，获最大果，于声闻乘不如是说？颂曰：

胜故无尽故，由摄他不息。

论曰：于此大乘修诸法行，由二缘故获最大果。一最胜故，二无尽故。由能摄益他诸有情，是故大乘说为最胜；由虽证得无余涅槃，利益他事而恒不息，是故大乘说为无尽。

译文

作意正行有什么助伴吗？《辩中边颂》中说：
作意正行的助伴应当知道，它共有十种方法行为。
本论说：应当知道这里的作意正行，由十种方法行为为之统摄含受。什么是十种法行呢?《辩中边颂》中说：

十法行就是书写、供养、施他、谛听、披读，受持、正开演、讽诵及思维、修行。

本论说，对于大乘经典有十种法行：第一是书写佛典，使之流通；第二是对佛典恭敬供养，无轻慢心；第三是将佛典施与他人；第四是若他人诵读佛典，应专心谛听；第五是自己披阅诵读佛典；第六是受持，即受纳佛法，忆持不忘；第七是正确地为他人开讲演说佛典文义；第八是讽诵宣扬经义，以生快乐；第九是思维经义；第十是修习践行所得佛法。

修十法行能获得几许福果呢?《辩中边颂》中说：

修行十种法行的人，获得的福果聚集无量。

本论说：修行如上十种法行，所获得的福果聚集数量无边。为什么只于大乘经典说修行十法行，获得最大福果，而于声闻乘等不作这种解说呢?《辩中边颂》中说：

大乘法最为殊胜、功德无尽，因它摄化众生不息。

本论说：对于此大乘佛法修十法行，有二种因缘使修行者获最大福果。第一是最为殊胜，第二是功德无尽。由大乘佛法能摄化利益其他一切有情，因此说它最为殊胜；由大乘佛法虽在证得至高的无余涅槃后，利益众生的事业仍永恒不息，因此大乘说它功德无尽。

原典

如是已说作意正行,随法正行其相云何?颂曰:

随法行二种,谓诸无散乱,
无颠倒转变,诸菩萨应知。

论曰:随法正行略有二种:一无散乱转变,二无颠倒转变,菩萨于此应正了知。

译文

已经说明了作意正行,随法正行的相状是什么呢?《辩中边颂》中说:
随法正行有两种,叫作诸类无散乱转变,和无颠倒转变,诸菩萨应当了知。

本论说,随法正行,亦即随顺佛法之行,大约有两种:一是无散乱转变,即转变其心使其无有散乱;二是无颠倒转变,指转变其心使其无有颠倒。菩萨对此应正确了知。

原典

此中六种散乱无故,名无散乱。六散乱者:一自性散乱,二外散乱,三内散乱,四相散乱,五粗重散乱,六作意散乱。此六种相云何应知?颂曰:

出定于境流,味沉掉矫示,
我执心下劣,诸智者应知。

论曰:此中出定由五识身,当知即是自性散乱;于境流者,驰散外缘即外散乱;味沉掉者,味着等持昏沉掉举,即内散乱;矫示者,即相散乱,矫现相已修定加行故;我执者,即粗重散乱,由粗重力我慢现行故;心下劣者,即作意散乱,依下劣乘起作意故。菩萨于此六散乱相,应遍了知当速除灭。

译文

这里因六种散乱没有,所以叫作"无散乱"。六种散乱是:第一自性散乱,第二外散乱,第三内散乱,第四相散乱,第五粗重散乱,第六作意散乱。这六种散乱的相状是什么呢?《辩中边颂》中说:

六散乱的相状分别是出定、于境流、味沉掉、矫示，我执及心下劣，诸位智者应细了知。

本论说：这里所说的"出定"，指眼、耳、鼻、舌、身等五识的自性驰逐外缘，总与禅定不相应和，总是出离于定，应当知道这就是自性散乱；"于境流"说的是心驰骋散布于外在对象，随境流荡，这就是外散乱；"味沉掉"是指心沉溺执着于欲望而昏沉不明掉举不安，这就是内散乱；"矫示"就是相散乱，指诈现修定加行的伪相欺诳他人，实际并未修行；"我执"就是粗重散乱，由于内心的邪执粗陋沉重之力，现起我慢等烦恼；"心下劣"是作意散乱的相状，不修大乘，而以下劣的声闻、独觉等乘生起修行追求之心。菩萨对于这六种散乱的相状，应当彻底了知，速速除灭。

原典

如是已说无散乱转变，无颠倒转变云何应知？颂曰：

智见于文义，作意及不动，
二相染净客，无怖高无倒。

论曰：依十事中如实智见，应知建立十无倒名。

译文

这样已经说明了无散乱转变，无颠倒转变的内容是什么呢？《辩中边颂》中说：

依智慧可见无颠倒转变包括于文无倒、于义无倒、作意无倒和不动无倒，自相无倒、共相无倒、染净无倒、于客无倒、无怖无倒和无高无倒。

本论说：根据对十种颠倒的真实了知和推论，建立起十种无颠倒的名称。

原典

此中云何于文无倒？颂曰：

知但由相应，串习或翻此。
有义及非有，是于文无倒。

论曰：若于诸文能无间断，次第宣唱说，名相应；共许此名唯目此事，辗转忆念名为串习。但由此二成有义文，与此相违文成无义。如实知见此二文者，应知是名于文无倒。

译文

什么是这里所说的"于文无倒"呢?《辩中边颂》中说:

对经文的理解或者能与原文的次序相应,并习惯于使用约定成俗的名称,或者与此相反。

前者对经文的理解是正确的、有意义的,后者则是无意义的,了解了这一点,便是于文无倒。

本论说:如果对于各种经文能够没有间断地、依其次第宣传解说,这就叫与原文相应;对于自古以来约定成俗地共同许可的指称某事的名称,能自然地不断地回忆想念使用,这就是对经文的串习。只有具备了这两个条件,对经文的理解才是有意义的,与这两个条件相违背的理解,就是无意义的。能够实在真切地知道这两种对经文理解的不同,就叫作"于文无倒",也就是对经文的理解没有颠倒。

原典

于义无倒其相云何?颂曰:

似二性显现,如现实非有。

知离有非有，是于义无倒。

论曰：似二性显现者，谓似所取能取性现，乱识似彼行相生故；如现实非有者，谓如所显现实不如是有；离有者，谓此义所取能取性非有故；离非有者，谓彼乱识现似有故。如实知见此中义者，应知是名于义无倒。

译文

"于义无倒"的相状是什么呢？《辩中边颂》中说：

似乎有能认识的意识和被认识的对象显现出来，但这如同真实的显现实际上没有自己的本性。

知道这种显现没有本性，又知道这种显现也不是绝对的没有，这就叫于义无倒。

本论说：好像有两种属性显现，说的是好像有所认识的对象与能认识的意识两种属性表现出来，这其实只是在人们混乱的意识中，似乎有那两种属性存在，实际上并没有；如同真实的显现实际上没有本性，说的是像那些显现本质上不是真正的有；显现不是有，说的是意识中显现的被认识的对象与能认识的意识，其本性都是不存在的；显现不是非有，说的是像在那些混乱的意识中显现出来的东西，虽然没有本性，但又似乎是有，是虚假的存在。能够准确地知道这个意思,就叫作"于义无倒",也就是对于大乘佛教的经义的理解没有颠倒。

原典

于作意无倒者,颂曰:

于作意无倒,知彼言熏习,
言作意彼依,现似二因故。

论曰:所取能取言所熏习,名言作意,即此作意是所能取分别所依,是能现似二取因故,由此作意是戏论想之所熏习名言作意。如实知见此作意者,应知是于作意无倒。

译文

"作意无倒",说的是意识生起思考佛法时没有颠倒。《辩中边颂》中说:

要没有颠倒地、正确理解意识活动,应当知道它对阿赖耶识的熏习,意识活动是熏习产生的依据,意识活动是熏习存在的原因。

本论说：意识活动区分为作为意识对象的所取和作为意识主体的能取，它们对阿赖耶识种子有熏染积习的作用，这就叫"作意"。这个作意，也就是意识活动之所取能取分别生起的依据，表现为两者存在的原因。因这种意识活动本身并非真理，是戏论，它对阿赖耶识熏染积习的作用，所以叫"作意"。真正理解了意识活动中的所取和能取，都是作意的结果，不可执着，就叫"作意无倒"。

原典

于不动无倒者，颂曰：

于不动无倒，谓知义非有，
非无如幻等，有无不动故。

论曰：前说诸义离有、非有，此如幻等非有无故。谓如幻作诸象马等，彼非实有象马等性；亦非全无，乱识似彼诸象马等而显现故。如是诸义无如现似所取能取，定实有性；亦非全无，乱识似彼所取能取而显现故。等声显示阳焰[1]、梦境及水月等，如应当知。以能谛观义如幻等，于有无品心不动散。如实知见此不动者，应知是于不动无倒。

注释

① **阳焰**：梵文为 marici，原意是"野马"。指出现在沙漠或旷野中的幻象，也就是海市蜃楼。在一定的天气条件下，处于沙漠或旷野之中，会发现远处有树林、泉水、野马等事物，但走近后，发现什么也没有。佛教以这类阳焰、野马比喻世界如幻如化，只是假有，并无实体，没有自性，不可执着。

译文

所谓"不动无倒"，就是心不为事物的有无所动，始终没有颠倒地把事物理解为幻有。关于"不动无倒"，《辩中边颂》中说：

关于心不为事物的有无所动，认识没有颠倒，是说我们所知道的事物的本性既不是有，也不是无，而是像水中月那样的虚幻的有，心不应为事物的有和无而动。

本论说：事物的本性是存在与不存在所不能表达的，它是虚幻的存在，不是有和无所能概括的。事物就像在海市蜃楼中幻化出的大象、野马等，它们并没有实在的象和马的本性；但它们也不是全的无，它们显现在人们日常混乱的意识中，好像真的有大象、野马等。这样万事万物不过是在人的意识中表现出好像有认识对象和认识主体，好像有自己的本性；但事物也不是完全的无，人因混乱的意识活动会显现出好像实有的认识对象和认识主体。事物就像海市蜃楼中的野马，梦中的境界，水中的月亮一样，只是虚幻的存在。能够从根本上正确地认识到事物的本性是虚幻的，有和无这两个概念并不能使心为之动荡和散乱。如果能真实地了知体察这个心不为有、无所动的道理，就是"不动无倒"。

原典

于二相无倒者，谓于自相①及共相②中俱无颠倒。于自相无倒者，颂曰：

> 于自相无倒，知一切唯名。
> 离一切分别，依胜义自相。

论曰：如实知见一切眼色乃至意法，皆唯有名，即能对治一切分别，应知是于自相无倒。此依胜义自相而说，若依世俗非但有名，可取种种差别相故。

于共相无倒者，颂曰：

以离真法界③，无别有一法。

故通达此者，于共相无倒。

论曰：以无一法离法无我者故，真法界诸法共相摄，如实知见此共相者，应知是于共相无倒。

注释

① **自相**：梵文为 sva-lakṣaṇa 或 svabhāva，为共相的对称。又称自性，指事物自身独有的性质。在唯识宗看来，事物的自相只有佛智可证，而不可言喻。

② **共相**：梵文为 sāmānya-lakṣaṇa，指事物之间共有的本性。共相是以言语表诠说明的万物的共性。

③ **真法界**：法界之理体真如而绝虚妄，故称真法界。胜义共相，有曰一真法界，有曰二空真如，有曰二无我性。无论任何法，都不离此空性以外另有自体，不论染净，不论色心等，都不离此法界以外，故真如法界，是一切法真正之共相。

译文

对于二相的理解没有颠倒，就是说在对事物的自相与共相的理解中都没有颠倒偏执。关于对自相的理解没有颠倒，《辩中边颂》中说：

对事物自身独有的特质的理解没有颠倒，就应当知道我们对事物的一切解说都是根据虚假的名称概念。

但事物自身独有的特质是远离一切名称语言的分别的，这样才是对事物自相的胜于世俗的最真实的理解。

本论说：真实地看到一切眼、耳、鼻、舌、身、意以及相应的色、声、香、味、触、法，都是依据假借的名称概念来得以表达的，从这里便能看出对事物的所有分别都是通过名称概念进行的，都是不真实的，并不是事物本来的自相，这样理解便是对事物的自相没有颠倒。这是从胜于世俗认识的殊胜的真实的方面来说明自相的，如果从世俗的意义上理解，事物不但有名称，还有种种相互差别的性质。

关于对事物的共相的理解没有颠倒，《辩中边颂》中说：

离开了一切事物都没有自性这一法界的真实本性，这个法界没有任何别的本性。

能够贯通达到这种思想的人，便是对于事物共相的理解没有颠倒。

本论说：因为没有一种事物能脱离万法没有自性这一本质，因此没有自性这一真实本质便成为一切事物的共相，也就是共同的本质。能够真实地理解共相的这个含义，便是对共相的理解没有颠倒。

原典

于染净无倒者，颂曰：

知颠倒作意[①]，未灭及已灭，
于法界杂染，清净无颠倒。

论曰：若未断灭颠倒作意，尔时法界说为杂染；已断灭时说为清净。如实知见此染净者，如次是于染净无倒。

注释

① **颠倒作意**：由作意心所生起，即能发动心及心所。若是名言熏习，就是名言作意；若是大乘法熏习，就是大乘法作意。颠倒作意，就是从无始来颠倒分别而熏成杂染的颠倒习气。

译文

关于"染净无倒",也就是对世界的杂染和清净本性的认识没有颠倒,《辩中边颂》中说:

应当知道颠倒是非生起的意识活动,有未曾灭绝和已经灭绝两种形态,它们相应着世界的杂染和清净,这种对世界的理解就是染净无颠倒。

本论说:如果未曾断灭颠倒分别而熏成杂染的颠倒习气,这时的世界就是杂染不净的;如果已经断灭了颠倒分别而熏成杂染的颠倒习气,这时的世界便是清净的。如果能真实地了知世界的这种染、净的本性,便是对于染、净的认识没有颠倒。

原典

于客无倒其相云何?颂曰:

知法界本性,清净如虚空。
故染净非主,是于客无倒。

论曰:法界本性净若虚空。由此应知,先染后净二差别相,是客非主,如实知见此客相者,应知是名于客无倒。

译文

"于客无倒",就是对于外来烦恼的认识没有颠倒。它的特征是什么呢?《辩中边颂》中说:

应当知道整个法界的本性,恒常清净犹如虚空。

因此事物的杂染和清净并非其本性,而只是外来烦恼的作用,理解了这一点便是对外来烦恼的认识没有颠倒。

本论说:世界的本性清净无染,犹如虚空。从这里应当知道,事物从染污到清净的转变,只是外来的烦恼由附着事物到离开事物的过程,而并非事物本身的本性。像这样真实地看到外来烦恼的性质,便是对外来烦恼的认识没有颠倒。

原典

于无怖[①]、无高[②]俱无颠倒者,颂曰:

有情法无[③]故,染净性俱无。
知此无怖高,是于二无倒。

论曰:有情及法俱非有故,彼染净性亦俱非有。以染净义俱不可得故，染净品无减无增，由此于中无怖、无慢。如实知见无怖、高者，应知是名于二无倒。

注释

① **无怖**：指没有恐怖。窥基著《辩中边论述记》卷下中说："以染法不减所以无怖。"就是说因为染污法本身是没有减少的，因此便不必恐怖、担扰别人的染污减少，唯有自己的还多。

② **无高**：窥基在《辩中边论述记》卷下中说："高者，慢也。"无高，就是不以自己比别人高明，不傲慢。《述记》卷下又说："以净法不增所以无慢。"意思是说清净法不会有增加，个人不应妄想自己的清净善法会增加，因而自视高于他人，慢待他人。

③ **有情法无**：有情者，就是补特伽罗；法者，就是达磨。若能对此人法我法，知道是无实体了，则能通达一切法皆无实体，由是假立名相诸法，不过是概念上所建立的名词而已，没有丝毫实体可得的。

译文

对于没有颠倒地正确地理解没有恐怖、没有傲慢，

《辩中边颂》中说：

因为有情的众生和无情的万物都没有自性，因此关于它们的染污和清净的特性也是无。

知道了染污和清净的无，便会没有恐怖和傲慢，这样的理解就是没有颠倒。

本论说：有情的众生和无情的万物都没有自性，因此有关它们的所谓的染污性和清净性也是没有的。因为染污和清净本质上都不可能得到，染污和清净的程度也就没有减少或增多，因此也就引不起恐怖和傲慢。如果能真实地看到这种没有恐怖、没有傲慢的道理，应该说这种认识就是没有颠倒了。

原典

无倒行总义者，谓由文无倒，能正通达止观二相；由义无倒，能正通达诸颠倒相；由作意无倒，于倒因缘能正远离；由不动无倒，善取彼相；由自相无倒，修彼对治无分别道；由共相无倒，能正通达本性清净；由染净无倒，了知未断及已断障；由客无倒，如实了知染净二相；由无怖、无高二种无倒，诸障断灭得永出离。

译文

十种无颠倒的正确行为的总含义可以概括为：对佛教经文的理解没有颠倒，因而能正确地领会把握佛法的禅定和智慧；由对佛教的根本义理的理解没有颠倒，可以正确地看待日常认识中的种种混乱意识；由对意识活动的正确理解，可以远离对种子与意识因缘关系的颠倒理解；由心不为事物的有与无所动，可以最恰当地摄取事物的真相；由对事物自身本性的理解没有颠倒，可以修行得到事物自性不能用言语分别的认识；由对事物的共性的理解正确没有颠倒，可以得到事物没有自性、本性清净的佛智；由对事物杂染与清净属性的正确理解，可以知道其根本区别是烦恼的没有断灭与已经断灭；由对外来的烦恼的理解没有颠倒，可以真实地知道杂染和清净的本质就在于烦恼的有无；由正确地理解没有恐怖、没有傲慢，可以使种种烦恼障碍断灭消失，永远离去。

原典

此十无倒如次安立，于彼十种金刚句[①]中。何等名为十金刚句？谓有非有、无颠倒、所依、幻等喻、无分

别、本性清净、杂染清净、虚空喻、无减、无增。为摄如是十金刚句,有二颂言:

应知有非有,无颠倒所依,
幻等无分别,本性常清净,
及杂染清净,性净喻虚空,
无减亦无增,是十金刚句。

注释

①**十种金刚句**:指十个含义深刻的句子。窥基在《辩中边论述记》卷下中说:"金刚句者,此十句义深密坚固犹如金刚难可破坏,从喻为名。"

译文

这十种没有颠倒又依次出现在《宝积经》中,用十个含义深刻的句子说明。这十个含义深刻的句子是什么呢?一、有非有,指对佛教经文的理解没有错误,相应于文无倒;二、无颠倒,指对认识的主客体的本质的理解没有颠倒,相应于义无倒;三、所依,指意识活动是熏习产生的根据,相应于作意无倒;四、幻等喻,指事物的本质不是存在也不是不存在，而是幻有，相应于不动无倒；五、无分别，指事物的自性不能用言语分别，相应于自相无倒；六、本性清净，指事物的共相本性上清净无垢，相应于共相无倒；七、杂染清净，指杂染与清净的区别在于烦恼的有无，相应于染净无倒；八、虚空喻，指事物的本性没有染净的转变可言，它永恒洁净如同虚空，相应于客无倒；九、无减，指烦恼不会有减少，相应于无怖无倒；十、无增，指善性不会有增加，相应于无高无倒。为了概括这十个金刚句，有二句偈颂：

应当知道没有错误地理解经文，没有颠倒地把握佛法，以意识活动为归依，世界的本质是幻有，不能用言语分别，世界的本性恒常清净，染与净的分别只在有无烦恼，事物的本性净如虚空，杂染不会减少，清净也不会增加，这就是含义深刻的十金刚句。

原典

且初安立十金刚句自性者，谓自性故，所缘故，无分别故，释难故。自性故者，谓三自性，即圆成实、遍计所执及依他起，是初三句如次应知。所缘故者，即三自性。无分别故者，谓由此无分别即无分别智，及于此无分别即本性清净。如次应知安立境、智,谓三自性及无分别。释难故者,谓所余句。

且有难言:遍计所执、依他起相,若实是无,云何可得?若实是有,不应诸法本性清净;为释此难,说幻等喻,如幻事等,虽实是无,而现可得。

复有难言:若一切法本性清净,如何得有先染后净?为释此难,说有染净及虚空喻,谓如虚空,虽本性净,而有杂染及清净时。

复有难言:有无量佛出现于世,一一能度无量有情,令出生死入于涅槃,云何生死无断灭失?涅槃界中无增益过?为释此难,说染及净无减无增,又有情界及清净品俱无量故。

第二安立彼自性者,如有颂言:

乱境自性因,无乱自性境,
乱无乱二果,及彼二边际。

译文

现在我们来说明建立十金刚句的理由,这包括事物的自性、客体性、本性不能分别以及驳斥非难等四个方面。事物的自性,就是三自性,指圆成实性、遍计所执性和依他起性，它们如次对应着十金刚句中的头三句。事物的客体性，指的也是三自性。事物的本性不能分别，指的是十金刚句中的无分别，以及由其决定的本性永恒清净。这样我们依次知道十金刚句确定的对象和智能，就是三自性和无分别。驳斥非难，指的便是十金刚句的其余各句。

有人非难说：遍计所执性和依他起性，如果其实体是没有的话，我们还能得到什么呢？如果它实体是有的话，事物的本性就不应再是清净的。为了驳斥这种非难，十金刚句中说了事物是幻有的比喻，像诸种虚幻的事物一样，它虽然没有实在性，但它又有当下的现象可以得到。

又有人非难说：如果一切事物的本性都是清净的，那为什么会有先染污后清净的道理呢？为了驳斥这种非难，十金刚句中说了染净的道理和虚空的比喻，像虚空一样，事物的本性虽然是清净的，但有时杂染有时清净。

又有非难说：有不可限量的佛出现在世界上，一一度去不可限量的有情，使他们出离生死苦海，进入涅槃，为什么说生死没有断灭，涅槃界没有增加呢？为了驳斥这个非难，十金刚句说了染净无减无增，以及有情世界和清净世界都不可计量的道理。

其次，我们来确立十金刚句如何对应十种无倒，《辩中边颂》中说：

扰乱对象对应着于文无倒，扰乱自性对应着于义无倒，扰乱的原因对应着作意无倒，不乱对应着不动无倒，不乱自性对应着自相无倒，不乱对象对应着共相无倒，混乱的果报对应着染净无倒，不乱的果报对应着于客无倒，二种边际就是指无怖无倒和无高无倒。

原典

如是已说随法正行，离二边正行云何应知？如《宝积经》所说中道行，此行远离何等二边？颂曰：

异性与一性，外道及声闻，
增益损减边，有情法各二，
所治及能治，常住与断灭，
所取能取边，染净二三种①。
分别二边性，应知复有七，
谓有非有边，所能寂怖畏②，
所能取正邪，有用并无用，
不起及时等，是分别二边。

注释

①**染净二三种**：染法和净法各有三种。染法三种为：一、烦恼杂染，二、业杂染，三、生杂染；此三杂染，在常途又名惑业苦。在惑之中又有种种诸见和贪等三毒，及得生后有之愿。对治此者，即三解脱门，一、空解脱门（由空观对治种种执见），二、无相解脱门（由无相观对治取相分别不起贪等三毒），三、无愿解脱门（由无愿观对治使生死不断的后有愿）。业杂染中，唯所作的善恶业，能对治此业，就是不作智，观察一切诸法，无能造作者，亦无所造的业，能所作皆空。生杂染中又有三种，一、后有初生位，二、生已心心所相续位，三、生生死死的后有相续位。能对治此三种者为无生智、无起智、无自性智。对治三杂染即为三清净。

②**怖畏**：怖，依遍计妄执法上而说；畏，依由妄执起惑业所招苦报上说。怖者，就因上而说，即心上生起妄执；畏者，即就果上而说，即业熟畏苦。

译文

上面已经说明了什么是随顺佛法的正确行为，现在要说一说什么是远离两种边见的正确行为，也就是《宝积经》中所说的合乎中道的行为了。这些行为远离边见的内容是什么呢？《辩中边颂》中说：

执着于五蕴和我是相异的或相同的，外道执物质常住，声闻执无常，执着于有实我，是增益有情，或执着于无我，是损减有情，执着于心及心所等法是实体，是增益有情，或执着于心及心所等法无实体，是损减有情，执着于染污性的所治或执着于清净的能治，执着于万物的常住或断灭，执着于所取的境或能取的识，执着于世界的杂染法或清净法。

虚妄分别于两种边见，应当知道还有七种：

执着于实我的有或非有，执着于所寂灭的烦恼生死或能寂灭烦恼的清净，执着于内心的恐怖或由恐怖生起的畏惧，执着于对象的实有或心识的实有，执着于因顺事物的正性或违逆事物的邪性，执着于佛智的有用或无用，执着于佛智的生起或永恒相随，这些就是有分别的两种边见。

原典

论曰：若于色等，执我有异，或执是一，各为一边；为离此执说中道行，谓观无我乃至儒童[1]；见有我者定起此执，我异于身或即身故。若于色等执为常住是外道边，执无常者是声闻边；为离此执说中道行，谓观色等非常无常。

定执有我，是增益有情边，定执无我是损减有情边，彼亦拨无假有情故；为离此执说中道行，谓我无我二边中智。

定执心有实，是增益法边；定执心无实，是损减法边，为离此执说中道行，谓于是处无心无思无意无识。

注释

① **儒童**：此处即指儒童外道。儒童，梵文为 mānava，音译为摩纳婆，意译为胜我，指妄执"我"是身体中最胜妙者，是实体性的本体。这是印度教毗纽天外道一派的思想。

译文

本论说：把色、受、想、行、识等五蕴看作是与作为主体的我有差异的，在五蕴之外另有实在的"我"，这是一种边见；相反，把五蕴等同于作为主体的我，将两者看作是一回事，这是另一种边见；为了远离这两种执着而阐发的合乎中道的行为，就是否定有实体性的

"我"及任何主体存在；一旦表现出有"我"存在，便必定生起对主体的执着，或者把我与身体区别开来，或者将两者等同。把五蕴看作是永恒的存在，这是外道的边见；把五蕴看作是刹那生灭没有任何的稳定性，这是小乘佛教中声闻一类人的边见；为了远离这两种执着而阐明的合乎中道的行为，就是把五蕴看作既不是恒常的，又不是无常的。

一定执着地认为有一个实体性的我存在，这是增加夸大了有情众生的特性，是一种边见；一定执着地认为没有任何我的存在，这是损害减弱了有情众生的特性，也是一种边见；因为它连有情众生的虚幻的存在性也否定了；为了远离这两种执着而阐明的合乎中道的行为，就是把握存在虚幻的假有的我而没有实体性的我。

一定执着地认为有实体性的心，以及它的对象存在，这是对世界万法的增益，是一种边见；一定执着地否定有心及其对象的存在，这是对世界万法的损减，是另一种边见；为了远离这两种执着而阐发的合乎中道的行为，就是既要看到没有实体性的心、思、意、识及其对象存在，又要看到它们是因缘而起的虚幻的存在。

原典

执有不善等诸杂染法,是所治边;执有善等诸清净法,是能治边;为离此执说中道行,谓于二边不随观说①。

于有情、法定执为有,是常住边;定执非有,是断灭边;为离此执说中道行,谓即于此二边中智。

执有无明所取能取,各为一边,若执有明所取能取,各为一边;如是执有所治诸行能治无为,乃至老死及能灭,彼诸对治道所取能取各为一边,此所能治所取能取,即是黑品白品差别;为离此执说中道行,谓明与无明无二无二分,乃至广说,明无明等所取能取皆非有故。

杂染有三,谓烦恼杂染,业杂染,生杂染。烦恼杂染复有三种:一诸见,二贪瞋痴相,三后有愿。此能对治,谓空智、无相智、无愿智。业杂染,谓所作善恶业,此能对治,谓不作智。

生杂染有三种:一后有生,二生已心心所念念起,三后有相续。此能对治,谓无生智、无起智、无自性智。如是三种杂染除灭,说为清净。

空等智境,谓空等法三种杂染,随其所应,非空等智令作空等。由彼本性是空性等,法界本来性无染故。若于法界或执杂染或执清净各为一边;本性无染,非染净故;为离此执说中道行,谓不由空能空于法,法性自空,乃至广说。

注释

①**不随观说**：窥基著《辩中边论述记》卷下中为"不随、劝、赞"，由"不"字贯通下面三字，指不随顺、不劝说、不称赞。今从窥本。

译文

执着地认为有不善等各种烦恼杂染的存在，这就是把要对治的对象绝对化了，是一种边见；执着地认为有善等各种清净事物的存在，这是把能对治的内容的绝对化，是另一种边见；为了远离这两种执着而阐明的合乎中道的行为，就是不随顺染污与清净而生起对所治、能治执着的边见，不劝说他人执着于染污与清净的边见，不称赞言说染净之别而使他人产生执着。

对于构成世界的一切有情、无情的对象，一定执着地肯定它们的存在，认为它们是常住不变的，这是一种边见；一定执着地认为一切现象都是不存在的，是永恒断灭的，这是另一种边见；为了远离这两种执着而阐发的合乎中道的行为，就是既要看到一切现象都不是实体性的存在，又要理解它们也不是绝对的空无。

执着地肯定在无明的状态下所摄取的对象和能摄取

的意识，这分别构成一种边见；执着地肯定在无明的对立面——圣明的状态下所取能取的实在性，也各自构成一种边见；像这样在十二因缘中执着地肯定所对治的种种对象和能对治的清净无为，从第一支无明与明直到第十二支老死及能灭除老死，它们的所取与能取便普遍地构成了两种边见，这里的所治、能治，所取、能取，便如同黑白差别，判然两截，各执一边；为远离这两类执着而阐发的合乎中道的行为，便是正确地理解明和无明并没有两个本体，不可绝对地对立，十二因缘的其他各项，如老死及能灭除老死等也都是如此。明与无明状态下的所取与能取都没有固定的实在性。

世俗的杂染分为三种：第一叫烦恼杂染，指种种烦恼对真性的杂糅染污；第二是业杂染，指由烦恼产生，或以烦恼为助伴所产生的一切行为造作，这些业力杂糅染污真性，形成业杂染；第三是生杂染，指由烦恼和业形成的生命之苦对真性的杂糅染污。烦恼杂染又可以分为三种：一是因种种妄执的见解造成的烦恼杂染；二是因贪欲、瞋怨、愚痴等三种根本烦恼形成的杂染；三是因对自己身后的果报存有种种奢望而形成的烦恼杂染。对于三种烦恼杂染，相应地有三种可以对治灭除的智慧，它们是：第一，空观的智慧，即了悟世界的本体是空，没有自性，以此来破除种种对世界妄执不放的见解；第二，无相的智慧，即了悟世界本性为空，进而不生起贪欲、瞋怨、愚痴等种种烦恼相状；第三，无愿的智能，即灭除使生死轮回不断的对后世果报的愿望。所谓业杂染，就是由种种善业恶业所引起的杂染，对治它的智慧就是灭除业力，不造作。

生杂染也有三种：第一是前因引起的后果刚刚产生时，承担这一果报引发的杂染；第二是果报发生后，心及心所形成种种观念所构成的杂染；第三是果报世代相续形成的杂染。对于这三种生杂染，相应地有三种对治，它们是：第一，无生智，指修行证得阿罗汉果位后，不再承担世俗的果报，不再在苦海受生；第二，无起智，指不在苦海承受生命后，便不再生起心、心所等种种分别；第三，无自性智，指因无观念的分别生起，世界便无自性分别，其本性为空，因此便不再有轮回相续。如上所述，三种杂染分别被灭除后，便是清净。

像空观、无相观等佛智，是三种杂染自来便相应的，并不是空等智慧使杂染变成空，杂染的本性便是空，便没有自性，世界本来的面目并不是染污。如果对于整个世界或者执着于它的本性是杂染，或者执着于它的本性是清净，这就各自成为一种边见；世界的本性不是染污的，它不是由所谓的染污变为清净；为了远离这些执着而阐发的合乎中道的行为，就是不要认为是空智使世界成为空的，世界的本性便是空，其他对治杂染的道理也都是如此。

原典

复有七种分别二边。何等为七？谓分别有分别非有，各为一边；彼执实有补特伽罗以为坏灭，立空性故，或于无我，分别为无为；离如是二边分别说中道行，谓不为灭补特伽罗方立空性，然彼空性本性自空，前际亦空，后际亦空，中际亦空，乃至广说。

分别所寂，分别能寂，各为一边；执有所断及有能断，怖畏空故；为离如是二边分别，说虚空喻。

分别所怖，分别从彼所生可畏，各为一边；执有遍计所执色等，可生怖故；执有从彼所生苦法，可生畏故；为离如是二边分别，说画师喻。前虚空喻为声闻说，今画师喻为菩萨说。

分别所取，分别能取，各为一边；为离如是二边分别，说幻师喻；由唯识智，无境智生，由无境智生，复舍唯识智，境既非有，识亦是无，要托所缘识方生故，由斯所喻与喻同法。

分别正性，分别邪性，各为一边，执如实观为正为邪，二种性故；为离如是二边分别，说两木生火喻：谓如两木虽无火相，由相钻截而能生火，火既生已还烧两木；此如实观亦复如是：虽无圣道正性之相，而能发生正性圣慧，如是正性圣慧生已，复能除遣此如实观，由斯所喻与喻同法，然如实观虽无正性相，顺正性故亦无邪性相。

分别有用，分别无用，各为一边，彼执圣智，要先分别，方能除染，或全无用；为离如是二边分别，说初灯喻。

分别不起，分别时等，各为一边；彼执能治毕竟不起，或执与染应等时长；为离如是二边分别说后灯喻。

译文

还有七对因执着、分别而引起的边见。这七对边见是什么呢？第一，执着于有，或者执着于非有，这各自构成一种边见；有人执着地认为因为有补特伽罗，也就是"我"的实在性，因此才有对"我"的实在性的毁坏灭除，因此才确立"我"的空的本质，这便是对"有"的边见；或者认为根本就没有补特伽罗，根本就没有"我"，那么也就没有对"我"的分别与执着，客体与主体都是空无，这便落入了对"非有"一边的执着；要远离这两种边见实行中道，就得认识到不是因为要灭除

"我"的实在性才另外为它确立了空的本性,"我"的空性是其本性,自来便空,过去是空,未来是空,现在是空,一切时间空间中它的本性都是空。

第二,执着于所要寂灭的生死烦恼,或执着于能寂灭的觉悟清净,以为它们是实有,这分别构成了一种边见;执着于这种所寂和能寂的实有性的原因,即在于害怕这两者的本性是空,也就是害怕把主客体理解为没有自性的;为了远离这两种边执的妄见,就应当理解关于虚空的比喻:远视虚空,似乎有某种实在的颜色,但飞近过去,其实一无所有,本性是空。

第三,或执着于内心虚妄生起的恐怖,或执着于由此恐怖而产生的畏惧,其实都是一种边见;执着地把虚妄而起的内心的假相看作是实体,是产生恐怖的原因;执着地认为由此恐怖所产生的苦果是真实的,是畏惧产生的原因;为了远离这两种边见,就应当理解佛法关于画师的比喻:有一个画师害怕鬼来扰宅,便在大门上画了一个更恶的鬼护家,有一夜他在外面喝醉了酒,见到他画的恶鬼吓得不敢进门,其实无论是他起初对鬼的恐怖还是后来他为自己制造的恶鬼所生的畏惧,都是虚幻的。前面说的虚空的比喻是为只求个人解脱的声闻乘说的,而画师的比喻则是为菩萨说的。

第四,或执着于所认识的外境,或执着于能认识的心识，这分别构成一种边见；为了远离这两种执着，应理解佛法关于幻术师的比喻：有一位幻术师把自己变幻成一头可怕的猛兽，结果变成这头猛兽后，把自己的身体吃了；从万法都是由心识变幻出来的道理，我们可以理解外境并没有实在性；从外境的没有实在性，万法唯识所变的道理也是不能执着的；外境既然是没有，心识也应当是无，因为只是依靠所攀缘的外境，识才产生，这个道理是与前面幻术师的比喻相同的：幻术师变幻的猛兽是所执取的外境，它是能取的幻术师变现的；猛兽自己吃掉自己，比喻所变现的对象是虚幻的，能变现的主体也不真实。

第五，或执着于顺应事物本来面目的正性，或执着于违背事物本来面目的邪性，这分别构成一种边见；执着于这种如同真实的观点，把事物分为正性或邪性，这就把它们看作是不变的实体了；为了远离这两种边见，须理解钻木取火的比喻：两块木头虽然没有火的相状，但通过相钻或相锯，它们便能产生火，火产生后又会烧掉木头自身；上面那种如同真实的观念也同此理：虽然它还没有看见神圣的佛法真谛，没有得到佛法正性，但它能引发神圣的佛法正性智慧，这种佛法正性智慧一旦产生，便是否定掉原来那种追求表面真实的观念，这个道理是与钻木取火的比喻相同的；虽然这种如同真实的观念没有成佛后的正性，但它终究顺应了事物世俗的本来面目，因此也没有什么邪性。

第六，执着地认为圣智只有在对烦恼发生分别时，才会起断灭烦恼的作用，或者执着地认为如果不发生分别，便不会有断灭烦恼的作用，这分别构成了一种边见；为了远离这两种执着，须理解佛法关于灯的比喻：灯初燃时，刹那间光照四方，没有分别，但破除了黑暗，因此无分别未必没有用。

第七，执着地认为那对治愚痴的智慧，如果一开始没有，便永远不会产生，或执着地认为烦恼染污从来就有，因此灭除烦恼的智慧也应与烦恼存在的时间一样长，才会灭除烦恼，这分别构成一种执着；为了远离这两种边见，需要理解灯光除暗的另一个比喻：在一个千年黑屋里，燃起一盏灯，黑暗立刻灭除，这灯光既不是原来没有，便永远没有，也不是同黑暗存在的时间一样长。

原典

如是已说离二边正行差别，无差别正行云何？颂曰：

差别无差别，应知于十地，
十波罗蜜多，增上等修集。

论曰：于十地①中，十到彼岸②，随一增上而修集者，应知说为差别正行。于一切地皆等修集布施等十波罗蜜多，如是正行名无差别。

注释

①**十地**：地，梵文为 bhūmi，意思是住处、住持、生成等。十地就是指在修行过程中达到的十个阶位，又称十住。至于十地阶位的内容，佛教中有种种不同的说法，常见的有两种：一是三乘十地，即把十地规定为声闻、缘觉、菩萨三乘共同修行的阶位；二是大乘菩萨十地，专指菩萨修行中的十地阶位。本文的用法当是后者，也就是大乘菩萨十地，内容为：（一）欢喜地，又叫圣地、见地等，指菩萨初见佛性证得圣果，产生莫大的欢喜；（二）离垢地，又叫净地，具戒地等，指舍离任何能够触犯戒律的烦恼，身心没有污垢的清净阶位；（三）有光地，又叫明地、发光地等，指获得佛法智慧，发出般若光明；（四）炎地，舍离前三地的有分别性的智慧，获得智慧本体；（五）难胜地，指已得佛法正智，难以超出的阶位；（六）现前地，指眼前生起般若智慧的阶地；（七）远行地，指觉悟无相的道理，远离世间的阶位；（八）不动地，无分别的佛智流转相续，不为

一切事相烦恼所动的阶位；（九）善慧地，指菩萨已无任何障碍，智慧充满，自由自在的阶位；（十）法云地，成就无边的佛智，法身如虚空，智慧如大云，具足无尽功德的阶位。

②**十到彼岸**：即十波罗蜜多，又叫十度、十胜行，指菩萨修行到达涅槃彼岸的十种方法或途径。包括：（一）布施；（二）持戒；（三）忍；（四）精进；（五）禅定；（六）智慧；（七）方便，以种种方便法门，开启智慧；（八）愿，常持愿心并努力实现；（九）力，培养获得智慧的能力；（十）智，能了知一切法的智慧。在本文中，十地与十到彼岸相配，说明菩萨修行所达到的阶位以及相应的修行方法。

译文

前面已经说明了什么是远离两种边见的正确行为，现在我们来说明在修行中，什么是与修行的地位有差别的正确行为，什么是与修行的地位没有差别的正确行为。《辩中边颂》中说：

有差别的修行和无差别的修行，是相应于修行的十种地位而言的，每种地位上相应地有一种殊胜的修行来增胜上进，叫差别正行，十种殊胜的修行在每种地位上都平等地发生作用，叫无差别正行。

本论说：在欢喜地、离垢地等十层阶位上，相应地有布施、持戒等十种助你解脱到彼岸的修行形式，每一阶位只相应有一种修行形式帮助增进的，叫有差别的正确修行；在每一阶位中平等地修习十种助你到彼岸的形式的，叫没有差别的正确修行。

原典

六正行总义者，谓即如是品类最胜，由此思维如所施设大乘法等，由如是品无乱转变修奢摩他[1]，及无倒转变修毗钵舍那[2]，为如是义修中道行而求出离，于十地中修习差别无差别行。

注释

[1] **奢摩他**：梵文为 śamatha，译为止，指止息内心的散乱，实现心的净定。

[2] **毗钵舍那**：梵文为 vipaśyanā，译为观，指专心观想佛法，证悟佛法的智慧。

译文

现在我们来总结一下六种正确的修行的含义，它们是：修行的种类最优的"最胜正行"，时刻思维大乘佛法真理的"作意正行"，随顺佛法真理，针对心的散乱而修行禅定，针对颠倒佛法而修行智慧的"随法正行"，修行佛法中道，远离两种边见的"离二边正行"，还有在十地上修习十种到彼岸的"差别正行"和"无差别正行"，它们或者每一地有一种不同的修行方式，或者每一地平等地有相通的十种修行方式。

第二节 最高的境界

原典

如是已说正行无上，所缘无上其相云何？颂曰：

所缘谓安界，所能立任持，
印内持通达，增证运最胜。

论曰：如是所缘有十二种：一安立法施设所缘，二法界所缘，三所立所缘，四能立所缘，五任持所缘，六印持所缘，七内持所缘，八通达所缘，九增长所缘，十分证所缘，十一等运所缘，十二最胜所缘。此中最初谓所安立，到彼岸等差别法门；第二谓真如；第三第四如次应知即前二种，到彼岸等差别法门，要由通达法界成故；第五谓闻所成慧境，任持文故；第六谓思所成慧境，印持义故；第七谓修所成慧境，内别持故；第八谓初地中见道境；第九谓修道中乃至七地境；第十谓即七地中世出世道品类差别分分证境；第十一谓第八地境；第十二谓第九、第十、如来地境。应知此中即初、第二，随诸义位得彼彼名。

译文

前面已经详述了佛教至高无上的修行方法，佛教所缘的至高无上的境地又是什么呢？《辩中边颂》中说：

佛法所缘的境地有安立法施设所缘和法界所缘、所立所缘、能立所缘、任持所缘、印持所缘、内持所缘和通达所缘、增长所缘、分证所缘、等运所缘和最胜所缘。

本论说：佛法的至高无上的境地有十二种：第一叫安立法施设所缘，指佛法建立的布施、持戒等修行的教法理论；第二叫法界所缘，指整个佛法世界的真如本性；第三叫所立所缘，就是第一所建立的教法理论；第四叫能立所缘，就是指第二种真如本性；第五叫任持所缘，指通过听闻佛法所成就的智能境地，文字能担任保持这种智慧；第六叫印持所缘，指通过思维所成就的智慧境界，其含义能通过思维来印证保持；第七叫内持所缘，指通过内在修行所成就的智慧境界；第八叫通达所缘，指在十地中达到初地，见到佛智的境界；第九叫增长所缘，指十地中的二地到六地，都是增长上进；第十叫分证所缘，指十地中的第七地，远离世俗的分别性的见解而达到的境界；第十一叫等运所缘，指十地中的第八地，佛智平等任运，不为任何烦恼所动的境界；第十二叫最胜所缘，指十地中的第九地、第十地和如来地，是佛法中最至高无上的境界。应当注意的是在这十二种境界中，最根本的就是第一安立所缘和第二法界所缘，也就是佛法的道理和世界的真如本性，其他的都是根据不同角度而施设的种种名称。

第三节 最高的觉悟

原典

如是已说所缘无上，修证无上其相云何？颂曰：

修证谓无阙，不毁动圆满，
起坚固调柔，不住无障息。

论曰：如是修证总有十种：一种性修证，缘无阙故；二信解修证，不谤毁大乘故；三发心修证，非下劣乘所扰动故；四正行修证，波罗蜜多得圆满故；五入离生修证，起圣道故；六成熟有情修证，坚固善根长时集故；七净土修证，心调柔故；八得不退地受记修证，以不住着生死、涅槃，非此二种所退转故；九佛地修证，无二障故；十示现菩提修证，无休息故。

无上乘总义者，略有三种无上乘义，谓正行无上故，正行持无上故，正行果无上故。

译文

前面已经说明了至高无上的大乘佛教所缘的境，大乘佛教修行证悟的至高无上的果又是什么呢？《辩中边颂》中说：

修行而得到最高的证悟是由于大乘种性无缺，不诽谤诋毁大乘佛法、不为小乘扰动、修行的方法圆满，生起圣道加力修行，善根坚固不坏，心调和柔顺无垢，不停住于生死或涅槃，没有我执和法执，不停息地示现佛的化身。

　　本论说：这里所说的修行证悟总共有十种：第一叫种性修证，指凭借不缺少成就佛道的大乘本性而得的修行证悟；第二叫信解修证，指因信仰而生正确的理解，从不诽谤诋毁大乘佛法而得的修行证悟；第三叫发心修证，指发起大愿心，不被卑下低劣的小乘解脱扰动内心而得到的修行证悟；第四叫正行修证，指凭借正确的修行方法而得到对大乘佛法的修行证悟；第五叫入离生修证，指圣道生起，修行者脱离了生命烦恼；第六叫成熟有情修证，指佛缘成熟的有情众生，其善根坚固不坏，永恒集聚，由此修行而得证悟；第七叫净土修证，指心调和顺柔无垢，而生净土，得以证悟；第八叫不退地受记修证，指不住于凡夫的生死和小乘的涅槃，不退转到这两种境地，承受佛的印记的大乘证悟；第九叫佛地修证，指排除了我执（烦恼障）和法执（所知障）的障碍，进入佛地的证悟；第十叫示现菩提修证，指永恒显现佛的化身，永不休息。

　　我们所说的至高无上的大乘的总含义，约有三种，这就是正确的修行至高无上，修行所持的境至高无上，修行所得的果至高无上。

结语

|原典|

何故此论名辩中边？颂曰：

此论辩中边，深密坚实义，
广大一切义，除诸不吉祥。

论曰：此论能辩中边行故，名辩中边，即是显了处中二边能缘行义；又此能辩中边境故，名辩中边，即是显了处中二边所缘境义；或此正辩离初后边，中道法故，名辩中边。此论所辩是深密义，非诸寻思所行处故；是坚实义，能摧他辩非彼伏故；是广大义，能辩利乐自他事故；是一切义，普能决了三乘法故。又能除灭诸不吉祥，永断烦恼所知障[①]故。

我辩此论诸功德，咸持普施群生类。
令获胜生增福慧，疾证广大三菩提[②]

注释

① **所知障**：执着于所证之法而障蔽其真如根本智。又作智障、智碍。为二障之一，"烦恼障"之对称。谓众生由于根本无明惑，遂迷昧于所知之境界，覆蔽法性而成中道种智之障碍，故称智碍。

② **三菩提**：（一）就三乘之所得而别分为声闻、缘觉、无上正等菩提。又作三乘菩提。（二）就佛之三身，别为应化佛菩提、报佛菩提、法佛菩提。此文中应指三乘菩提而言。

译文

为什么这部论被称作《辩中边论》呢？《辩中边颂》中说：

这部论辩明了中道和边见的道理，它的含义深邃隐密、无比坚实，它的思想利乐广大有情，了决一切佛法，它能除去种种不吉祥。

本论说：这部论能够辩明有关中道和边见的行为，所以叫辩中边，也就是说它能显示明了处于中道和两种边见的地位，如在所缘境上，或心行上，而能有的行为；这部论又能辩明中道和边见所对应的境地，所以叫

《辩中边论》，也就是说它显示了决了处于中道和两种边见的地位，它们所对应的境地；或者说，这部论是从正面辩明离开起初和后两边，显示中道大法，因此叫《辩中边论》。这部论所辩明的道理深邃隐密，不是各种寻常思维所能达到的；它的理论坚实严谨，能摧毁一切对手而不会为人驳倒；它的作用广大，能为自我他人的种种事情带来利益和快乐；它的精神含盖了一切，能普遍地具明决了一切佛法。它又能灭除种种不吉祥，永恒断绝自我的烦恼和对世界的执着。

我辩明此论生起的种种功德，都用来平等地拯救天下众生。

让他们超越世俗的生命增长福慧，让他们快快地证得博大精深的佛法觉悟。

源流

作为印度佛教瑜伽行派中期的论典,《辩中边论》在印度大乘佛教中的地位是承先启后、继往开来的;作为中国佛教唯识宗的基本典籍,它对中国唯识学品格的形成有重大影响;此外,在藏传佛教以及朝鲜佛教等中,《辩中边论》也都占有重要的地位。

　　《辩中边论》在思想上的根本特色是建立了唯识的中道观。它认为,我们分别出的对象世界和我们的分别自身,都是没有实在性的,都是空。一方面,对象有赖于认识,是认识虚妄分别的结果,没有自性,因此是空。另一方面,能分别的认识是不是就是有,是不是世界的真实本源呢?回答是否定的。因为被认识的对象是空,所以能分别的认识也便不是孤立的有,它也没有实在性,也是空。既然被认识的对象和能认识的主体却不是实在的有，都是空，那么整个世界是不是就成了绝对的无呢？也不是。事物没有自性，没有实在性，这是其空的一面；事物又是存在，又有分别和被分别，这是其不空的一面。因此世界的本质就是空而不空，非空非不空。因其没有实在性，所以我们不可执着，因其又有虚幻的存在，所以我们需要修行，需要抹去心头的染污，体悟世界的空性，求得解脱。这样既不执着于世界的有，也不落于世界的空，而是在世界的存在性上，看出它的空性，在世界的空性上，又能看到它的存在性，这就是佛法的中道。

《辩中边论》提出的唯识的中道观是在唯识的基础上，对大乘空宗与部派佛教有论的继承与发展。就它与空宗的关系看，它无疑吸取了龙树思想的养料。龙树在《中论》中曾提出他的中道观："众因缘生法，我说即是空，亦为是假名，亦是中道义。"意思是说：各种因缘而生的事物，在我看来都是空的，但它们仍有自己的假名，是假有，这就是我说的中道。显然，《辩中边论》在理解事物的空而不空时，形式与《中论》是很接近的，只是在中道的基础上，龙树只立足于因缘而起，世亲则进一步将这个缘归结于识。两者间的承继关系一目了然。

世亲是从部派佛教开始其佛学生涯的，有深厚的部派佛教的功底，这使他在建立自己的唯识学说时，自觉不自觉地利用着部派佛教的优秀成果，如他在阐述五蕴和主体"我"的关系时，特别强调它们的非异非一，其实这是部派佛教犊子部的一贯主张，世亲自己在《俱舍论》中曾说："犊子部执有补特伽罗，其体与蕴不一不异。……此如世间依薪立火，如何立火可说依薪？谓非离薪可立有火，而薪与火非异非一。"（见《大正藏》卷二十九，第一五二页。）

瑜伽行派在印度的历史可以分作经典、论典和分化三个时期：经典时期的代表作是《大乘阿毗达磨经》和《解深密经》；论典时期就是弥勒、无著、世亲为代表的瑜伽行派确立时期，代表作品有《瑜伽师地论》《摄大乘论》，以及《辩中边论》等；分化时期指世亲之后产生的唯识古学和唯识今学两派。就《辩中边论》与瑜伽行派的关系看，它的基本思路是从《大乘阿毗达磨经》和《解深密经》中脱胎而来的。阿赖耶识的观念、三自性理论，首先出现于这两部经，《辩中边论》的理解和它们是一致的，它们都认为阿赖耶识生起、变现对象世界，它们都倾向于以虚妄分别性解释遍计所执，以因缘和合解释依他起，依万法自性空理解圆成实。就《辩中边论》与它同时代的著作的关系看，《辩中边论》似乎较多地保持了经典时期的思想遗产，比如在对依他起性

源流 213

的理解上，无著的《摄大乘论》中曾明确地把作为条件的"他"规定为阿赖耶识种子，唯识的色彩更浓，而这是《辩中边论》中所没有的。在分化时期，《辩中边论》一书仍有很大影响，唯识古学的重要代表人物安慧曾著书解释世亲的这部著作，现在仍有藏译本行世，安慧的思想是比较忠实于世亲的精神的。

《辩中边论》在中国的传播有两个阶段。首先是南北朝时期，真谛译出此论后，对唯识思想的宣传有很大促进。当时真谛自己曾做《中边分别论疏》三卷（今已散失），后有朝鲜僧人元晓著《中边分别论疏》四卷（现仅存卷三）。这些注疏说明了《辩中边论》在当时学术界的影响。《辩中边论》在中国传播的第二个时期是唐代，即玄奘译本出现之后。在这一时期，出现了多种汉文注疏本，其中最有名的，是窥基著的《辩中边论述记》三卷，流传至今，也是我们目前所能见到的唯一一部完整的疏记。窥基是唯识宗的重要创宗人物，他的这本述记是唯识宗的代表作品之一，在思想史上有独特的影响。就内容上看，他特别注重玄奘译本与真谛译本的比较研究，随时说明玄奘译本的高明之处。实际上，两种译本确有一些出入，但造成的原因或是所依梵文本的不同，而在精神实质上，两者是一致的。自唐以后，凡研习唯识者，《辩中边论》是必读书目。

另外，在近代，《辩中边论》也受到了中国学者的重视。欧阳渐在《藏要》中，收入此论，表明他已把此论看作是佛教的最基本典籍之一。太虚大师还专门作有《辩中边论颂释》，体现出该书对近代思想家的影响。

在藏传佛教中，《辩中边论》也有很高的地位。除了弥勒的颂本，世亲的论外，它还译有安慧对世亲论的解释，这是汉译经典中所缺少的。从思想性上看，藏传佛教中的萨迦派与《辩中边论》的契合互摄处较多。

《辩中边论》对朝鲜的唯识学有很大的影响。就现在见于目录者，朝鲜僧人对该论的注疏就有多种，如玄范的《辩中边论疏》三卷，道证的《辩中边论疏》三卷，太贤的《辩中边论古迹》一卷，可惜都已不存，只有元晓的四卷本《中边分别论疏》尚存卷三，是研究《辩中边论》的宝贵资料。

解说

从世亲在公元五世纪创作《辩中边论》至今，已经整整一千五百年了。经过这样漫长的岁月之后，我们今天还在研读这部著作，意义究竟何在？或许有人会说：这表现了我们对优秀传统文化的珍视。我想这个回答是不错的，但同时这个回答又是远远不够的。我们今天释译、学习这部《辩中边论》，绝不是把它作为历史博物馆中的一件精美古董，抒发我们的赞赏，相反，是生机勃勃的现实生活，敦促我们在先哲的灵魂中，开拓出今天的养料。《辩中边论》是活的，我们今天的研读，正是它生命的当代延续。彰显该书的精神价值，使之有裨于我们的时代，这才是我们学习它的根本意义。下面我从世界观、认识论和修养论的角度，简述《辩中边论》的现代意蕴。

从世界观上看，在当今世界上占统治地位的是西方的实体主义，它的根本特点便是把世界归结为某种实体，或某种物质，或某种精神，把它作为整个世界的决定力量。从这种世界观出发，追求这永恒实体便成为人生的根本目的。由此欲望，生起贪求，生起自己的价值观念，即一切有利于"我"的目的实现的，才是好的，整个世界不过是我满足自己的工具。这种世界观盛行于现世，"我"成了世界的中心。就个人而言，"我"的不满足，引发种种烦恼，损害身心健康；就国家而言，以"我"为中心引发此起彼伏的国际争端；就人类而言，这种人类中心主义已经严重损害了人与自然的和谐，出现了诸如环境污染、生态失衡、能源枯竭等种种危及人类自身存在的大问题。这种种难题，说明了实体主义世界观的局限，也呼吁着新的世界观的出现。《辩中边论》以及其他佛学著作中所倡导的唯识的中道观，或许能对我们克服实体主义的弊端有所启迪。唯识的中道观所强调的，就是世界不存在实在的本性，没有最后的实体，一切都是因缘而起，相互依赖的。进一步说，我们的意识赋予了世界以本质，这种本质是人的虚妄分别，是无常的；而因其无常，产生它的意识就也不是恒常的存在，是有赖于对象的，有条件的。执着地认为任何事物的实在性，都是一种虚妄的边见；同时，否定世界的存在性，否定事物的有，进而否定一切价值，也是一种边见。在唯识的中道观看来，既要看到世界没有自性的一面，空的一面，不要因此生起种种的贪求，又要看到世界存在的一面，即有的一面（但这个有是幻有，如海市蜃楼，有表象而无实体），并因此生起超越表象领悟真理的追求。这实际上是阐发了一种关系主义的世界观，即世界万物，互相依赖、互相含摄，是一个相互联系的整体。没有主体，就没有对象；没有对象，也就没有主体；对象之间，主体之间，以及对象与主体之间，没有孤立的存在，而是一兴百兴，一衰百衰，荣辱与共。从这种世界观出发，人生的目的便不是"我"的欲望的满足，而是世界的和谐。一人不成佛，众生谁也不能成佛，执着于"我"的欲望的单独满足是没有意义的，也是根本不能实现的。如果我们能对世界的本质做这种中道的理解，那么在人与人之间，发达国家和发展中国家之间，人类与自然之间，或许便能看到一条新的持续进步的道路。

　　从认识论上看，《辩中边论》所倡导的唯识思想，为人的主体性的发挥开辟了广阔的前景。它认为境不离识，境是识的变现，这是从认识的角度，否认有脱离认识的对象，强调对象的性质是识的分别，是识赋予的。这不同于那种把对象看作是位于主体之外，认识只是反映、符合对象的思维模式,而是赋予主体崇高的地位。从一定意义上说,德国古典哲学家康德与近代哲人胡塞尔的学说标志着西方思想向东方佛学的回应。还有,在《辩中边论》当中,这个变现世界的识并不是人日常的感性认识和理性认识,而是更深层的阿赖耶识。阿赖耶识概念的出现,体现了佛教对人的认识能力的理解的深化。如果我们把阿赖耶识理论和弗洛伊德的潜意识理论作一个比较,更可彰显阿赖耶识说的创造性。弗氏认为:潜意识的系统可比作一个大前房,在这个房间内,各种精神兴奋都像许多个体,互相拥挤在一起;和前房相毗连的,有一较小的房间,像一个接待室,意识就停留于此;但是这两个房间之间的门口,有一个人站着,负守门之责,对于各种精神兴奋加以考查、检验,对于那些他不赞同的兴奋,就不许它们进入接待室;但是就是被允许入门的那些兴奋也不一定成为意识的,只是在能够引起意识的注意时,才可成为意识,因此这第二个房间可称为前意识的系统。在这里,我们可以看到,弗洛伊德的"意识——前意识——潜意识"理论与唯识学的"前六识——末那识——阿赖耶识"理论对意识结构的理解是非常相似的,虽然他们的目的根本不同。唯识学中的阿赖耶识说在一定程度上揭示了人类思维活动的秘密,既使在今天,也是仍然值得继续研究的。

我们生活在一个物质生活空前丰富的时代，但同时也是物欲横流的时代。究竟什么才是人的根本追求呢？究竟怎样的生活才是人的生活？要解决这些问题，《辩中边论》的修养论仍然可以为我们提供一些借鉴。它认为人生的最高目标就是成佛，成佛就是觉悟，就是除去内心的烦恼和对外物的盲目追求，了悟万物的空性，而又不放弃世间的责任，在辩证的中道中把握生命的航向。这是生命的中道！人的生活质量，只有通过提高人的生活境界才能真正提高，而最高的境界就是剥掉沾染在心灵上的种种障碍，朗现世界的本来面目。不仅仅是物质生活的改善，更重要的，还有人的精神境界的提升，开辟了人类进步的无限前景！《辩中边论》中的修养论，为我们获得最高的觉悟，最终证得无上正等菩提，指明了方向。

附录

辨中边论颂释 太虚

辨修对治品第四

以粗重、爱因，我事、无迷故；为入四圣谛，修念住应知。

这四句是解释四念处的。四念处者，就是身、受、心、法。能修此四，就能住在正理之中，为后来引生定慧的根本。其实此四就是四种观慧，慧依于念而得生起安住，名曰念住，就是于所观境理，反复观念成极纯熟，明了不昧。例如平常所云念佛，也是依佛以念念明了不昧，后成为定而引生慧，慧能相续起名住也。四念住的身、受、心、法，怎样成为四种正念呢？就是观身不净、观受是苦、观心无常、观法无我。由此四观，使慧得住，名四念住。颂言：以粗重故者，粗鄙沉重，非净非妙，这是解释观身不净。以爱因故者，这是解释观受是苦，以受是爱因，欲断贪爱，必观受是苦，才能对治。我事故者，这是解释观心无常，以执为我的七八识或心心所，今观是无常，则执为我之所依事亦无常矣。了知一切法都是无我，则于法无迷，故为观法无我。修此四念住，亦可悟四圣谛，如观身粗重故，即行苦性，证入苦谛。观有漏受，是爱因故，则证集谛。观心是我执所依所缘事，无常生灭，则离断常，悟入灭谛。观一切法若无迷昧，则入道谛。修四念住能入四谛，在其余的论中，则说此四为苦行相。观集、观灭、观道各有四行相，所谓四谛十六行相，依十六行能入见道，即是每谛各有四行，依此四行则入苦谛也。然四念住是佛法根本观慧，心能全住此四境中，才能入佛法，才是出世法，不然即非出世法，故四念住为出世法的基本。

已遍知障治，一切种差别，为远离修集，勤修四正断。

此四句是解释四正断的。四正断又叫作四正勤，就是持戒。乃依前面所闻的佛法根本要理，而起实际的修行。依此修行，则能将已生的恶令断，未生的恶令不生，已生的善令增长，未生的善令生。换言之，就是将所有的恶法皆伏灭，所有的善法皆生长，即叫作四正断。颂言已遍知障品，一切种差别者，就是由修前面的四念住已，所有的一切能对治的无我等，所对治的我倒等，皆能遍知，既遍知已，因欲远离这些障品，故精进修习四正勤，依此能令所有的善法生，所有的恶法灭故。

依住、堪能性，为一切事成。灭除五过失，勤修八断行。懈怠、忘圣言，及昏沉掉举，不作行、作行；是五失应知。为断除懈怠，修欲、勤、信、安；即所依、能依，及所因、能果。为除余四失，修念、智、思、舍，记言、觉沉掉，伏行、灭等流。

这四首颂文都是说明修四神足的，前面所说的修四念处，是着重在明理，四正断是着重在持戒，此四神足是着重在修定。定即颂首依住的住，盖梵云三摩地，汉译谓等持，即是心力的平等住持。若能修成此定力，则有堪能性，有能吃苦耐劳坚强性，不论什么难行的事能行，难忍的事能忍；其不能行不能忍者，都是未曾修定，以定力是有堪能的。在佛法上说，有定力能修积世出世善法的大乘菩提资粮，乃至六度四摄，广度众生，故为能成办一切事而修定也。言灭除五过失，劝修八断行者，以五过是修定的障碍，五过不除，则障定不生，为灭此五，故修八种能断行。五过失者：一、懈怠，二、忘圣言，三、昏沉掉举，四、不作行，五、作行。懈怠之义，就是不能努力断除烦恼，修习善法。忘圣言者，就是把教法中所说明的正理正行忘失了。沉掉者，此本二种法，今合为一；沉即昏沉，心性沉下，暗不清明，和睡眠差不多。如有种人，坐下则睡，此即昏沉。又有种人，不坐则已，一坐则东想西想，似乎有物掉来掉去，又如好像以手将物托空，此即掉举。凡定心沉之极者，即为昏沉；举之极者，则为掉举。有此沉掉，心不清明宁静，故为定障。不作行者，就是对于应作加行的，而不作加行，则成过失。如于昏沉，应作加行令心提起，住于正念，又如掉举，应作加行令心安定，反而不作，则成过失。作行者，就是对于不应加行者而作加行，亦成过失。如定心已平等任运相续，于此反作加行，则成过失。故应作而不作，或不应作而作，所谓作、止、任、灭，都成过患。对此五过，须修四神足。四神足者，谓欲、勤、念、智，修此四法，能成就定。因有欲故，则有希求；因有勤故，则能精进；因有念故，则不沉掉；因有智故，则能抉择。故由此四，能成就定，定则发通，以神通力，能做平常不能做事，有超普通人之力，就是四神足的功能。在此四下，再加四种，为八断行，即加信、安、思、舍。由此八种，则能对治五过：为对治第一种懈怠过，修习欲、勤、信、安四种。欲是所依，勤依能依，勤必依欲而起，以欲乃希望之义，对于修定发生希求，乃勤勇精进而去修定。然有希望，必由所信，信即信仰，因信仰修定的功德，故起希望，故信又于欲因。由欲则发精进，精进所生果即轻安，亦名为定。古言"知止而后能定，定而后能静，静而后能安"，亦是此义。安即身心上轻安，亦即成就定之象征，定既成就，即能对治懈怠了。对治其余的四过者，谓忘圣言，沉掉，不作行，作行等四。为对治此四，修念、智、思、舍四种。由修念故，即能明记不忘，对于圣教理趣，常时现前。由修智故，能觉察心上有无沉掉。由修思故，就能生起伏除沉掉的加行。由修舍故，则能平等安住。如是四种，念智尤其重要，由有念，则能生起正智；于是觉察沉掉，而起加行；知心住平等而不作加行，亦是正智。颂言：记言等者，就是解释上二句的，能记得圣教正理，如诸行无常，诸法无我，一切唯识所现等，就是念。能觉察心上有无沉掉，就是正智。能修伏除沉掉的加行，就是思。能任定心平等流行相续不断者，就是舍。如是八断行对治五过失，皆为修出世定的方便。盖定在修行上非常重要，若定能成就，有莫大的受用，此中不过大略解释，其详细则在《瑜伽师地论》等。近有阿旺堪布的修定仪轨，也可参考。

已种顺解脱，复修五增上，谓欲、行、不忘、不散乱、思择。即损障名力，因果立次第。顺抉择二、二，在五根、五力。

这八句颂是解释五根和五力的。第一句颂是结释前文，就是所修四神足等，都是随顺于解脱分的善法。由已修习此等善法，故曰已种顺解脱。即于此之后，更复修习五种增上，增上即根之义，以有殊胜势力故，如草木等，枝干花果都依于根，作胜增上。此有五种：就是平常所说的信、进、念、定、慧五根。由此五种，能为欲加行等五法增上，如修信故，则起愿欲，信即为欲的增上。又如对于弥陀净土不发生信仰，以为是乌托邦，则不能发愿往生。如是对于佛法的三乘，不发生信心，也不能愿证菩提。故凡生起愿欲，必定要有信为增上，故信能生欲。第二精进者，是修行人的要素，凡修行必要精进，有精进才能修行，才能长养善法，故精进为修行的增上。第三念者，念就是明记不忘，无论对于五法、正行、正果，都不忘失，此即能为不忘境的增上。第四定者，就是心一境性无有散乱，能为不散乱的增上。第五慧者，有慧则能对于一切法上思维抉择，此能为思择的增上。此信等五对欲等五有增上用，故名为根。即此五根本身成就了，又能发一种殊胜势力，能制覆障，渐渐损减障的力量，就叫作力。在这五根又名五力的次第上，即是因果次第：如由信欲则起加行精进，由精进则于佛法不忘，由明记则不散乱，由不散则发慧能思择，因果的次第是如是。再就根力的方面说，五根就是因，五力就是果，在未自在位则为根，在已自在位则为力了。

如前所修的四念处，是重在思慧，四正断是重在持戒，四神足是重在修定，五根成就了，有增上制伏烦恼的功用就是力，则综合戒定而成修慧。此四位无论大乘小乘分判位置，都有顺解脱分和顺抉择分，或名资粮位和加行位。如小乘的五停心、总相念、别相念，就是资粮位顺解脱分；暖、顶、忍、世第一则为顺抉择分加行位。今在此五位中，其四念处、四正断、四如意足，是在顺解脱分位；其五根、五力，则在顺抉择分位。顺抉择分的暖、顶、忍、世第一，暖、顶是属于初二，是在五根；忍、世第一是属于后二，是在五力。就是在暖、顶位修根，在忍、世第一位则修力了。故颂曰：顺抉择二二，在五根五力。就是四加行位有二在五根，有二在五力也。至于大乘的说法，则说修到念住，能发大乘菩提心，为十信入初住位。修四正勤、四如意足，为十住、十行、十回向位。五根、五力，也在四加行位。不过大乘行上较为广大，所修六度四摄等法，实则此中也可包括的。菩萨到了加行位，则常在定位之中，所修加行也相续不断，故此中所说的都是实地修行的方法，真正的出世行。此行简单地说：就是戒、定、慧三学，稍广就是六波罗蜜，再广就是三十七菩提分法。此菩提分法复分资粮、加行、见道、修道、无学道，前面所说的五位，都是见道以前的。

觉支略有五，谓所依、自性、出离、并利益，及三无染支。由因缘、所依、自性义差别，故轻安、定、舍，说为无染支。

这八句颂是解释七觉支的。七觉支者：一、念，二、择法，三、精进，四、喜，五、轻安，六、定，七、舍。今在此论中，则先合成五支以说，因为把后三觉支，摄为无染支了，其实还一样的。本来三十七菩提分都是觉支，不过此七是正说入见道真理为自体的，故特名觉支，成为觉不觉、圣者凡夫的关头。就是七支圆满了，则得圣果；七支未满呢，仍是凡夫。故七觉支，为三乘所必需。此中言所依者，就是念觉支，即依听闻正法，记忆得很熟，正念能时刻明了现前，就是念。此念乃别境心所之一，于曾习境明记不忘为性，为正慧所依是其业用，故依于念，慧得安住，由是念为慧的所依。二、觉自性支，就是择法觉支。择法者，谓对一切法的事理，作详细的抉择，为有为空，为真为妄，为染为净，为善为恶，此种详细剖解的功用，正是慧用。故择法是慧的自性，现观苦是逼迫性的，集是因缘义的，灭是寂静性的，道是正行等义，都是智慧之用。三、觉出离支，就是精进觉支，就是在智慧抉择以后，从染法障蔽中出离，而能出离的，唯有精进。四、觉利益支者，就是喜觉支，喜在大乘属初欢喜地，在此中是说正能证真断惑，证得向未证得的真理。如求证佛法者，欲明生空法空真如性，听闻正法，依所闻的去修止观，而在此位中正能证得真如了，故得大欢喜；初地因名曰欢喜地。此支通三乘说，二乘证得生空真如，亦叫作利益支，离一切障生大欢喜故。及三无染支者，是从染法中出而成清净的，就是轻安、定、舍三种，此三的自性也是慧，故亦曰觉支。颂曰由因缘者，是释轻安无染支。就是凡得轻安者，完全和有漏法粗重的相反，故轻安就是离杂染法的因缘。由所依者，就是定无染支。定者，梵语三摩地，此译等持，即平等任持，无有沉掉。由自性义者，是解舍无染支。依于定位心境上无所缠着，平等任运就是舍，故定为所依，而无染之自性则是舍。不过舍有行舍及受中的舍之别，行舍就是十一善心所中的舍，受舍就是苦乐等五受的舍受，此处是说的行舍。如《金刚经》云："应无所住，而生其心。"这无所住着生起善心，即是行舍。无所住着，也就是和平等空慧相应的舍，如行布施，既无能施，亦无所施，亦无施物，而成三轮体空的无相大施，这是舍的功用。又如古来禅宗的祖师说："用心要不落窠臼。"因为平常用心，大都是有所偏重的，偏重即落窠臼，则有执着，如有了中心，则有四边，故能除此种过患，就是舍了。如是七觉支，是在三乘证圣果时所相应的法，盖无论何圣果位，他所相应的善心所，唯有二十一种。七觉支就是此二十一中所提出的要素，如念觉支、择法觉支、定觉支，是属于别境心所的。精进、轻安、舍三觉支，是属于善心所的。喜觉支，是属于遍行中受的。所以，七支正是二十一无漏善心所摄。

分别及诲示，令他信有三，对治障亦三，故道支成八。表见、戒、远离，令他深信受，对治本、随惑，及自在障故。

这二颂是解释八正道的。八正道者，谓正见、正思维、正语、正业、正命、正精进、正念、正定八种。此八种又名八正行，即在见道以后，依所见的真理，常时修习的八种正行。此在本论中，则分为四类而讲：一、分别者，就是正见，即在无分别智冥证真如已后，起后得智，而正分别圣凡、善恶、染净、因果，此之分别，就是颂中所说的分别，为根本智所引起。如研究地理系的人，平素对于地图很透澈，一旦身临其境，则对于当前事实很清楚。如是正见的后得智，即将根本所证的境界，重行温习，故亦极其正确明澈。二、诲示者，就是依正见所得到的而起正思维，依其正语而化导众生，教诲他人，所谓自悟悟他，此为正思维及正语一分。三、令他信者，就是以佛法开示他人，令深信受，此亦大乘菩萨之行，盖菩萨所主要的，是依法利人，令于佛法生信起行；此包括三种：一、正语一分，二、正业，三、正命。正语者，就是所说的都是非常正确的佛法的胜义，离诸语中绮语、妄语等的过失，能令闻者生信。正业者，业通三业，就是身语意三业清净，最能令人生信。正命者，就是正当的生活方式，盖能使生命相续维持，必要有衣食等资身之具，而谋此衣食的必定要正当。如佛在世时，出家人应当乞食；或依止正当的职业，得正当的生活，都是正命。此三种能教化他人生信，就是修道的时候，因为若能修此，则能令他于佛法生起正信，令佛种不断。由正语则表示见净，能令他知自己有殊胜慧；由正业能令他知自己有净戒；由正命，能令他知自己有远离。然此中所谓净戒者，是说的别解脱戒、定共戒后的道共戒。禅定未起为别解脱戒；定已生起，自然不犯戒，为定共戒；见道、修道与无漏智同时现前的为道共戒。四、对治障者，也包括三种，谓正精进、正念、正定。颂言对治本惑者，就是修所断的俱生惑；以在修道位中，分别的烦恼已无，而贪等俱生则仍有。对治随惑者，就是昏沉等大随烦恼，以大随遍于一切染心，凡起烦恼定与俱起。对治自在障者，就是能障碍殊胜的自在功德，能对治此等的，就是正精进等三。如由正精进则于定慧有殊胜力，能对治俱生根本烦恼。虽念等亦能对治，而在对治时，必起精进故。次由正念，则能系念安住止等相中，能对治昏沉等大随烦恼。次由正定，则能对治不自在的定障，如定不深，则不能引种种功德，故有慧解脱的罗汉。虽有智慧断治烦恼，然禅定未曾圆满，种种定法不能自在，故慧解脱人仍于定自在有障。此等八正行若修圆满了，则能证得无学果位了。

有倒顺无倒，无倒有倒随，无倒无倒随，是修治差别。

这四句颂是说明凡夫圣者差别的。依大乘说，未入圣者位前的异生位，有内凡外凡之别：外凡是十信位，内凡是十住、十行、十回向位。依小乘说：五停心之前为外凡位，五停心后为内凡位。在这凡夫位上，若能修习三十七菩提分等行，即为有倒顺无倒。以凡夫心行上是有颠倒的，第七恒执我故，故在凡夫本位是未离倒，然本位虽有倒，而能趣入顺无倒行，故为顺解脱分。无倒有倒随者，就是在见道后已能依无倒慧修行，然在有学位上还有有漏法，有倒仍起，故曰无倒有倒随。到了佛位无学位了，或者到了八地以上了，则无倒慧常时生起，尔时心行都是无倒了，故曰无倒无倒随。这是凡圣修行对治的差别。

菩萨所修习，由所缘、作意、证得、殊胜故，与二乘差别。

这四句是说大乘和小乘差别的。就是菩萨所修的，有三种条件胜过二乘人：一、所缘殊胜故：就是声闻、独觉唯缘自己身心为境，而修对治烦恼解脱生死方便，所谓自了自度。而菩萨则通以自他的身心为境而修对治，这是所缘的不同。二、作意殊胜故：声闻、独觉，大都从无常、苦等上作意修行，菩萨则遍观一切若自若他平等平等无有自性，空无所得，以此作意而修一切对治。三、证得殊胜故：就是二乘所证的唯是小涅槃，而菩萨所证的，则为无住大涅槃。且菩萨大悲常时现前，虽了达一切生死皆空，而又常时济度众生，故菩萨所证果上，亦极殊胜。

辨修分位品第五

修行的分位，简则唯三位，广则有十八位，又可随义而别立，不过是经论上的开合不同罢了。今就比较适当的，先说十八位。

所说修对治，分位有十八，谓因、入、行、果、作、无作、殊胜、上、无上、解行、入、出离、记、说、灌顶、及证得、胜利、成所作。

此八句是解释修行上十八分位的。此十八位，是由凡夫进入佛果的阶段：一、因位者，就是种性位，种性有本性住种和习所成种，本性住种即无始以来的俱生种性，习所成种就是由听闻正法所成的无漏种，此在法相唯识宗，则说为五种种性，谓声闻、独觉、菩萨、不定、无性之五。此中无性即无出世种子，不能解脱。此中因分位，就正指习所成种，能具大乘行相，是具体而微的大乘种性，如外凡的菩萨能修六度，但未能与空胜解相应，不过以此熏习增长成菩萨种性而已。二、入位者，就是已入初住以上，而经十住、十行、十回向的菩萨。三、行位者，就是发心修行未得圣果的加行菩萨。四、果位者，就是由修加行而证得初地的菩萨。五、作位者，就是有学位。六、无作者，即无学罗汉位。七、殊胜者，就是已成就殊胜的功德了。上七虽就大乘以说，而实通三乘。八、上者，就是出过二乘以上之菩萨，在菩萨以上还有佛。九、无上者，就是佛果位。十、解行者，从十住的初住到四加行为胜解行位。十一、入位者，就是证入初欢喜地。十二、出离者，从二地至七地，每地都有出离故。十三、受记位者，就是八地菩萨知道自己修了二阿僧祇劫，必当作佛。十四、说位者，就是九地已得四无碍辩才，善辩法要。十五、灌顶位者，就是第十地，如来已为灌顶故。十六、证得位者，就是证得佛的法身。十七、胜利位者，就是证得佛的报身，受用佛的胜利果故。十八、成所作者，就是变化身，以为成办度众生事故。此中八至十五位全在菩萨位上说，证得等三位，则是说的佛果上事。

应知法界中，略有三分位：不净、净不净、清净，随所应。

此四句颂是说明修对治中三种分位的。所谓法界者，有狭广二义：狭义的，就是六尘中之法尘，第六意识所缘者为法界。广义的，就是人法二空真如的别名。在前面也曾说过，法界就是一切圣法之因，此中所说的，也即指此，为无漏圣智所缘的一切清净圣法所依之因。应知在此法界之中，大略有三位：一、不净位，即是凡夫的时候，随二空真如说，就是还在未生对治的杂染法中。二、净不净位，就是正证一分清净，而未全净，所谓净中还带不净。若就二乘说，如声闻的须陀洹果，虽证圣果，而尚有修所断惑，就是净中带不净。就大乘说，如得初欢喜地以上，还有二障可断，就是净中带不净。三、清净位，就是二乘的罗汉、辟支佛，大乘的佛果，至此果位，已能净治烦恼了，所以叫作完全清净。此等三位，都是随所相应的分齐而分的，故曰随所应。

依前诸位中，所有差别相，随所应建立，诸补特伽罗。

此四句是说明随其所相应而别立种种诸位的。如《瑜伽师地论》等建立十三住。详细的如《华严》建立五十二位，所谓十信、十住、十行、十回向，再加十地、等觉、妙觉，为五十二位。或十回向后再加四加行，则为五十六位。十信前或再加乾慧地则为五十七位。此等都是随分齐而立，乃是显示修行差别相上一种大乘菩提分位。小乘的四果四向，或广如《俱舍》等所说的二十七贤圣，都是随所相应的而建立种种不同的补特伽罗的别名。

辨得果品第六

上来境行已讲完了，下面该讲辨果了。此境行果的次第，可判一切佛法，依教明理则为境，依理修行则为行，依行证果则为果。在此论中，分齐大为明显，前三品是辨境，四五品是辨行，第六品是辨果。由修证所得的为所得果，此得字有普通的成就义，如某书某物得成了，都叫作得。在佛法说，得有种子成就、现行成就，故有种子虽然成就而现行未得，如凡夫有成佛性，此即种子成就，然尚未生现行。或有种现虽得而复失，如烦恼种现可由对治而失，善心等起已亦可退失，故此等都不是确实之得。至确实之得，是出世无漏法，证圣果等永不退失，如证须陀洹果圣境，再不退失。虽二乘罗汉有可退者，但决不退到凡夫位，此得即所谓一得永得，不如生死流转位中得人天报，得而复失。然得又须以得佛果，才算是最究竟的最圆满的得也，得果之义，大略如是。

器说为异熟，力是彼增上，爱乐、增长、净，如次即五果。

这四句颂是解释五果的。五果者，任其余许多经论上都说：一、异熟果，二、增上果，三、等流果，四、士用果，五、离系果。此五种果，今此论则说依于器等五法而建立。器者，例如通常所说的根器，如说"君子不器"，此器就是材料之义。在佛法上，器就是现在所得的正报和依报的异熟，若是优美的依正，这是随顺他多劫所修的无漏善法所招感的异熟。异熟之义，换句话说就是业报，此有三义：一、以前的业，成熟现在的果，表示因果不是同时，为异时而熟。二、因是善恶，而报则是无记，此简别佛果，为异类而熟。三、在业因上非常微细，而到果成则很明显，为变异而熟。在此三义之中，异时而熟之义，比较为此异熟因果之定义，以因果不同时，故世人不易了知。如果在此世，而业则在先世，亦有在几千万年以前及无量劫以前者。此业不但凡夫不能明，就是罗汉等神通也不能知，这深隐难知的因果，唯有佛智才能了知。所以佛常常为人受记，汝在多劫前曾种何因，多劫后当得作佛，这是对于异熟业已透视了。我们现在的身器，就是依正二报，好的根器，是修善行所得。如从凡夫乃至成最后一身，或生色究竟天净土报身而得成佛果菩提，或往生他方净土以得好的依正，如生西方净土之中一生即可成佛，此即因得好的根器，能成就善法修证菩提，故此中说所得的身器，即为异熟。即此身器有增上力，能使善法成熟，如释迦佛在最后身时感得增上的国土，父母，家属都甚圆满，这都是身器的增上，使一生能成就上品殊胜善法的佛果，这就是力增上缘，由力所成的果为增上果。爱乐是等流果者，等即均等，流即流类，如平常所说的上流下流，此因与果流类均等，为等流果。如菩萨从初发心，修福慧等善法，即爱乐善法，信仰三宝，不但一生，生生如是，而尤以现身特别爱乐。如有的有情堕入畜生了，因为有爱乐善法心，转人道还是乐善，是夙生乐善均等流类。又如有人若不杀生，则能得长寿报，又如以光明施人，则来生得眼目清明，都是以同类因感同类果。增长者，就是士用果，士即士夫，用即造作功用，即表示人中有一种有力量的人，能造此事业，能有此用。此士用果，可以当时见得到，如这把茶壶从此处搬运到彼处，就是当时见效之用。此士用果，狭义的是就有情说；广义的可通一切法说，如风吹树叶落，风吹就是因，树叶落就是果。所谓增长者，就是现在常时修习善法，使善法增长圆满。如佛在世时，闻了法就证得罗汉果，或闻法起信修行而证二三果，乃成罗汉，这是善根增长的成就。如有人现在勤修学业，他日能使功业成就，或现勤修行乃至成佛，也是士用令种种法增长。净者，就是离系果，即证解脱永断二障了。此等五果，狭义地说，异熟唯通有漏、增上、等流，士用通有无漏，离系唯通无漏。广义地说，前四可通有漏、无漏，而离系若暂离系等，亦可通二。五果之义，大略如是。

复略说余果，后后、初、数习、究竟、顺、障灭、离、胜、上、无上。

这四句是说明五果以外种种果法的。本来果法细细的分别有很多，此中所说，也不过是个大纲罢了。一、后后者，就是以前前法为因，而后后则为果，如十信、十住等位，初信位即为二信之因，二信即为初信之果。又如前面所说的十八位，种姓为因，发心则为果；依后后法说，即为前前分之果，此就果相上而明者。二、初者，即最初果，如小乘得须陀洹果，大乘得初地。三、数习者，就是累次修习所得果，如声闻证二、三果，菩萨证得二、三乃至十地，都是数习修得果，此即修道位也。四、究竟者，就是最高的结果，如大乘成佛，二乘证四果，都是究竟果。以下说六种果，即此四的差别。五、顺者，谓随顺，即随前因而得后后果，此与后后果不过名词不同罢了。六、障灭者，即从灭治二障而立果，障灭究竟为离系，而此则依最初见道位之差别义立。七、离者，谓离系，依上修行至究竟位，离一切系缚。八、胜者，谓殊胜，即于解脱烦恼时修积成很殊胜的种种功德。九、上者，即说菩萨在二乘之上，而佛又在其上。十、无上者，即是佛果，无有更出其上者。此等诸果，从后后至究竟，是从凡夫乃至佛果，从随顺以下，是前面的差别义，大略如是。

（节录《太虚全书》15）

参考书目

1《辩中边论述记》 窥基著 见《大正新修大藏经》(以下简称《大正藏》)第四十四卷。

2《中边分别论》 世亲著,真谛译 见《大正藏》第三十一卷。

3《辩中边论颂释》 太虚著 见《唯识典籍研究》(二) 台北大乘文化出版社出版。

4《大唐西域记校注》 玄奘著,季羡林等校 北京中华书局一九八五年版。

5《玄奘年谱》 杨廷福著 中华书局一九八八年版。

6《佛光大辞典》 北京书目文献出版社据台湾佛光出版社一九八九年六月第五版影印版。

出版后记

星云大师说："我童年出家的栖霞寺里面，有一座庄严的藏经楼，楼上收藏佛经，楼下是法堂，平常如同圣地一般，戒备森严，不准亲近一步。后来好不容易有机缘进到藏经楼，见到那些经书，大都是木刻本，既没有分段也没有标点，有如天书，当然我是看不懂的。"大师忧心《大藏经》卷帙浩繁，又藏于深山宝刹，平常百姓只能望藏兴叹；藏海无边，文辞古朴，亦让人望文却步。在大师倡导主持下，集合两岸近百位学者，经五年之努力，终于编修了这部多层次、多角度、全面反映佛教文化的白话精华大藏经——《中国佛教经典宝藏》，将佛教深睿的奥义妙法通俗地再现今世，为现代人提供学佛求法的方便途径。

完整地引进《中国佛教经典宝藏》是我们的夙愿，

三年来，我们组织了简体字版的编审委员会，编订了详细精当的《编辑手册》，吸收了近二十年来佛学研究的新成果，对整套丛书重新编审编校。需要说明的是此次出版将丛书名更改为《中国佛学经典宝藏》。

佛曰：一旦起心动念，也就有了因果。三年的不懈努力，终于功德圆满。一百三十二册，精校精勘，美轮美奂。翰墨书香，融入经藏智慧；典雅庄严，裹沁着玄妙法门。我们相信，大师与经藏的智慧一定能普应于世，济助众生。

东方出版社

图书在版编目（CIP）数据

辩中边论 / 魏德东 释译. —北京：东方出版社，2019.9
（中国佛学经典宝藏）
ISBN 978-7-5060-8578-6

Ⅰ.①辩… Ⅱ.①魏… Ⅲ.①唯识宗②《辩中边论》
—注释③《辩中边论》—译文 Ⅳ.① B946.3

中国版本图书馆 CIP 数据核字（2015）第 267909 号

本书中文简体字版权由上海大觉文化传播有限公司独家授权出版
中文简体字版专有权属东方出版社

辩中边论
（BIAN ZHONGBIAN LUN）

释 译 者：	魏德东
责任编辑：	王梦楠　杨　灿
出　　版：	东方出版社
发　　行：	人民东方出版传媒有限公司
地　　址：	北京市东城区朝阳门内大街 166 号
邮　　编：	100010
印　　刷：	北京明恒达印务有限公司
版　　次：	2019 年 9 月第 1 版
印　　次：	2023 年 2 月第 3 次印刷
开　　本：	880 毫米 × 1230 毫米　1/32
印　　张：	8.75
字　　数：	125 千字
书　　号：	ISBN 978-7-5060-8578-6
定　　价：	49.00 元

发行电话：（010）85924663　85924644　85924641

版权所有，违者必究

如有印装质量问题，我社负责调换，请拨打电话：（010）85924602　85924603